匠心铸就梦想
技能成就人生

——教育部全国职业院校技能大赛高职组"导游服务"赛项成果展示 2023

全国职业院校技能大赛组委会 ◎ 编著

北京·旅游教育出版社

图书在版编目（CIP）数据

匠心铸就梦想技能成就人生 ： 教育部全国职业院校技能大赛高职组"导游服务"赛项成果展示 ： 2023 ／ 全国职业院校技能大赛组委会编著. -- 北京 ： 旅游教育出版社，2023.12

ISBN 978-7-5637-4650-7

Ⅰ．①匠… Ⅱ．①全… Ⅲ．①导游－旅游服务－高等职业教育－教学参考资料 Ⅳ．①F590.63

中国国家版本馆CIP数据核字(2024)第011068号

匠心铸就梦想　技能成就人生
——教育部全国职业院校技能大赛高职组"导游服务"赛项成果展示 2023
全国职业院校技能大赛组委会　编著

策　　划	丁海秀　施云峰
责任编辑	施云峰
出版单位	旅游教育出版社
地　　址	北京市朝阳区定福庄南里1号
邮　　编	100024
发行电话	（010）65778403　65728372　65767462（传真）
本社网址	www.tepcb.com
E - mail	tepfx@163.com
排版单位	北京旅教文化传播有限公司
印刷单位	唐山玺诚印务有限公司
经销单位	新华书店
开　　本	710毫米×1000毫米　1/16
印　　张	9.375
字　　数	90千字
版　　次	2023年12月第1版
印　　次	2023年12月第1次印刷
定　　价	98.00元

（图书如有装订差错请与发行部联系）

匠心铸就梦想 技能成就人生
编委会

总 主 编：康　年　　马建超

责任主编：卓德保　　童登峰　　翟向坤

副 主 编：熊剑平　　操　阳　　魏　凯
　　　　　程伟勇　　毛润泽

编　　委：刘晓杰　　万　雯　　刘　庆
　　　　　刘　堂　　杨　磊

赛前准备

赛场准备

裁判员培训

现场报到

大赛前选手准备（一）

大赛前选手准备（一）

直播准备

赛项开幕

大赛开幕

上海市教育委员会职业教育处处长
马建超致辞

上海旅游高等专科学校党委书记
刘晓敏致辞

上海旅游高等专科学校校长
康年致辞

裁判代表杨磊宣誓

参赛选手代表宣誓

专家组及裁判点评

专家组组长：童登峰

总裁判长：翟向坤

现场导游词创作及讲解裁判组点评人：
杨磊

英语口语裁判组点评人：
陈安慧

才艺运用裁判组点评人：潘俊

现场导游词创作及讲解裁判组

英语口语裁判组

才艺运用裁判组

颁奖仪式及闭幕式

优秀指导教师奖　　　　　　　　　一等奖

二等奖（一）　　　　　　　　　　二等奖（二）

三等奖（一）　　　　　　　　　　三等奖（二）

大赛论坛

志愿者服务团队

大赛志愿者服务团队（一）

大赛志愿者服务团队（二）

大赛志愿者服务团队（三）

大赛志愿者服务团队（四）

大赛志愿者服务团队（五）

大赛志愿者服务团队（六）

大赛技术与服务团队集锦

技能大赛服务团队风采——云驴通（一）

技能大赛服务团队风采——云驴通（二）

PREFACE 序 言

"匠心铸就梦想，技能成就人生"。上海旅游高等专科学校承办的 2023 年全国职业院校技能大赛高职组导游服务赛项已经圆满落幕了。比赛是一种历练和成长。在这个赛事中，我们见证了来自全国各地的参赛选手们在赛场上昂扬的斗志、奋力的拼搏和青春的力量。他们精湛的技艺、娴熟的技能和充分的自信，让我们感受到了职业教育的魅力和广阔的前景。

本书汇编了这些优秀选手们的作品，包括导游素养及业务能力测试、导游英语口语测试和才艺运用等方面的内容。这些作品不仅展现了他们的专业素养和技能水平，更体现了他们对旅游业的热爱与执着。每一篇导游词、每一段讲解、每一句英语口语、每一项才艺，都是他们辛勤努力和智慧的结晶，也是对旅游业发展的热切期望。

技能成就人生，这句话不仅要成为一种理念，更要成为教育的实践。技能赋予了我们能力，能力带来了自信，自信开启了人生更广阔的道路。作为职业教育工作者，我们一直坚信，培养学生的技能，不仅是为了他们的职业生涯和人生道路，更是为实现中华民族伟大复兴的中国梦提供有力的人才和技能支撑。因此，我们要将技能培养视为职业教育的一项重要任务，这是我们的责任与使命。

上海旅游高等专科学校一直坚持"面向国际、依托行业、服务产业"的办学理念，着力培养"服务意识领先、职业素养高尚、专业知识扎实"的旅游应用型人才。全国职业院校技能大赛高职组导游服务赛项在我校举办，赛事既是竞技的舞台，也是交流的平台，更有力地促进了我校的教育教学工作。

本书的出版是赛事成果转化的一项内容，我要由衷感谢所有参赛选手、专家裁判和工作人员，他们的努力和付出让这次比赛充满活力和精彩。希望本书能够让更多人了解职业教育、了解导游技能；希望同学们能够通过阅读本书，拓展视野，进一步激发学习热情，在匠心与技能的指引下，共同铸就更美好的梦想，成就更精彩的人生。

上海旅游高等专科学校校长　康年

2023 年 11 月

CONTENTS 目 录

上篇
2023 年全国职业院校技能大赛高职组导游服务选手表现与专家点评

上海四行仓库纪念馆 …………………………………… 3

泰山岱庙铜亭 …………………………………………… 9

太阳神鸟金饰 …………………………………………… 15

杏　坛 …………………………………………………… 21

炎帝陵 …………………………………………………… 27

观天府粮仓永丰村　赏乡村振兴新画卷 ……………… 33

安阳殷墟 ………………………………………………… 39

南浔古镇　百间楼 ……………………………………… 45

钱武肃王祠 ……………………………………………… 51

都江堰水利工程 ………………………………………… 57

三苏祠洗砚池 …………………………………………… 61

西安碑林博物馆——昭陵六骏 ………………………… 65

宏村导游词……………………………………………………………… 69
泰山秦刻石……………………………………………………………… 75
一支画笔绘出的民族团结的故事……………………………………… 81
石台孝经………………………………………………………………… 87
宏　村…………………………………………………………………… 91
延安颂…………………………………………………………………… 95

下篇
2023年全国职业院校技能大赛高职组导游服务裁判组点评

裁判长：翟向坤 ………………………………………………………… 101
现场导游词创作及讲解裁判组点评人：杨磊 ………………………… 107
才艺运用裁判组点评人：潘俊 ………………………………………… 111
英语组点评人：陈安慧 ………………………………………………… 115

全国职业院校技能大赛高职组导游赛项指导经验心得总结 ………… 119

上 篇

2023 年全国职业院校技能大赛高职组导游服务选手表现与专家点评

上海旅游高等专科学校校园（一）

上海旅游高等专科学校校园（二）

参赛选手：王伟

上海四行仓库纪念馆

获奖名次：一等奖

代 表 队：上海代表队

参赛院校：上海旅游高等专科学校

选手姓名：王伟

指导老师：刘堂

导游素养及业务能力

英语口语

才艺运用

（口琴苏州河）

上海晋元中学的同学们，大家好！

刚才的这段口琴呢，是电影《八佰》的片尾曲。欢迎来到"上海红色之旅"的第二站——四行仓库纪念馆。

1937年，淞沪抗战打响了，时任中国军队第88师524团副团长的谢晋元，率领400多人，据守四行仓库。同学们有没有想过，为什么昨天看的电影叫《八佰》呢？没错，是为了迷惑敌人，壮大声势，他们对外宣称四行仓库内有八百人，所以外界称他们为"八百壮士"。

面对数十倍的日本敌军，谢晋元将军带领"八百壮士"孤军奋战四天四夜，击毙敌军200多人，直到接到撤退命令后，才冲出重围。这场战役不仅沉重地打击了日本侵略者的嚣张气焰，也让全世界看到了中国人民抗战的决心与勇气。

同学们，请随我进入馆内。下面，我要带你们参观一封特殊的家书，现在看到的就是谢晋元将军写给妻子的一封家书，更是一封遗书。

上海四行仓库抗战纪念地

今天，作为晋元中学的同学们，请大家和我一起朗读这封家书，来致敬将军："我神州半壁河山，日遭蚕食，亡国灭种之祸，发之他人，操之在我，为国杀敌，是革命军人素志也。"

谢晋元将军还让每一位留守的战士们给家人写一封家书。他勉励战士们不要怕流血牺牲、要挽救国家民族危亡，并嘱托道："只要还有一个人，就要同敌人拼到底！四行仓库就是我们的埋骨之处！"而在场的战士大多岁数不大，小的和你们一样十六七岁，大的也不过二十出头，很多人没想到，自己这一生所写的第一封家书竟是遗书。

八十六年前的那场战斗，让全世界看到了我们中华民族抵御外敌的决心。和平来之不易啊，珍惜和平，铭记历史，更要铭记那些为了国家和民族牺牲的英雄。

好，同学们，下面我们的研学任务开始了，请大家在馆里寻找更多的英雄事迹，写到你的研学手册中。自由活动期间，请大家注意安全。1小时后，我们将前往第三站——中共一大纪念馆。

点评专家——翟向坤：

（一）现场导游词创作及讲解

选手抽到的主题是"京剧"，通过"北大附小四1班的同学们"的称谓直接开篇点题，明确了所带团型——"研学团"。在讲解过程中设计较为巧妙，简洁明了的问候语与欢迎语后，有意将带团的真实情景设置为去梅兰芳大剧院进行专题讲解，通过梅兰芳先生的"京剧是一种艺术，更是一种生活态度"非常自然地切入京剧这一中国传统文化元素。而这亦符合全国职业院校技能大赛导游服务赛项方案的设计初衷，即将导游的日常工作与真情实感有机地结合起来，贴近导游带团实际，不是为赛而赛。

国粹京剧演员

　　选手通过用语亲切明快，用设问的导游技巧增强了现场感的同时，亦引出主题——京剧。随后对国粹京剧的起源、腔调、四大行当、艺术手法等进行了细致入微的说明，重点介绍了扮相的灵魂——脸谱，并用歌曲《唱脸谱》将脸谱与人物品性结合，结合人教版小学语文的一篇课文《梅兰芳蓄须》，引导学生牢记民族大义与爱国主义精神，条理清晰，层次清楚。最后以传承国粹、爱上京剧等收尾，语言轻快、自然，显得大气端庄又富有时代朝气。但在讲解过程中，可能因为准备时间有限，亦有美中不足之处：整个讲解节奏感偏快，亦偶有"吃字"情况出现。

　　总体来说，瑕不掩瑜，在整场比赛中亦属非常出彩的一段讲解。

（二）自选景点导游讲解

　　选手的自选景点讲解准备非常充分。在选题上，挑选了当下热度颇高且正能量满满的红色研学团，前往上海四行仓库纪念馆。

这是一篇为数不多的精品导游词，诠释了用心写作、用情抒发的创作技巧。寥寥八百字把上海四行仓库纪念馆讲得深入浅出、雅俗共赏实属不易。这篇导游词有以下特点：一是结构完整，主题鲜明。首先以口琴演奏电影《八佰》片尾曲《苏州河》开篇并直接切入主题，不拖泥带水。真实的历史配上音乐使得讲解瞬间吸睛。其次介绍了电影《八佰》的概况，使听众对于四行仓库纪念馆那段历史有了大致的了解。再次着重通过领读介绍谢晋元将军写给妻子的那封特殊的家书，更是一封遗书，将那段历史与现在有机结合起来，既让全世界看到了我们中华民族抵御外敌的决心，又呼吁大家珍惜和平，铭记历史，更要铭记那些为了国家和民族牺牲的英雄。最后以在馆里寻找更多英雄事迹的研学任务并写到研学手册中、注意安全及下一站预告等简短的结束语收尾，高度契合真实带团情境，拔高了自选讲解的最终得分，值得所有选手借鉴。二是，文字功底扎实。语言平实明快，大量使用口语化短句，没有华丽辞藻的堆砌，符合全国职业院校技能大赛导游服务赛项导游词使用要求。三是，感情抒发自然、铺陈有序。该选手讲解的各部分起承转合非常好，铺陈有序，转承自然，情感亦非常到位。但美中不足之处在于，作为一等奖选手的导游讲解，其表达稍稍有些用力过度，声音稍有嘶哑。整体来说，选手的现场表现仍属上乘。

匠心铸就梦想 技能成就人生

参赛选手备赛

参赛选手：李金珊

泰山岱庙铜亭

获奖名次： 一等奖

代　表　队： 山东代表队

参赛院校： 青岛酒店管理职业技术学院

选手姓名： 李金珊

指导老师： 杨栋

导游素养及业务能力

英语口语

才艺运用

各位同学，大家好！

欢迎来到泰山岱庙开展中国古代建筑艺术研学旅行。我们眼前这座铜亭就是大名鼎鼎的泰山岱庙铜亭。大家请看，铜亭采用了中国传统的重檐九脊歇山顶样式，建筑造型端庄浑厚，铸造工艺极为精湛。它建于明万历四十三年，也就是公元1615年，与北京颐和园铜亭、昆明鸣凤山铜亭并称为国内三大铜亭。

同学们，作为三大铜亭之中建造年代最早，也最为精美绝伦的岱庙铜亭，在五百年前的古代是如何制作出来的呢？哎，这里，我就要给大家讲一下铜亭"三绝"了。

这第一绝就是失蜡法的运用。工匠们首先利用蜡，制作出一比一的铜亭构件模型，然后在表面均匀涂上一层泥浆，经火加热之后，熔化的蜡水从小孔中流走，形成中空的泥塑。再将熔化的铜水注入，冷却之后敲碎泥膜，这样就造出了结构非常复杂的铜亭建筑构件。

这铜亭的第二绝，则是运用到了镏金工艺。因此，这座亭子虽然看起

山东泰山岱庙

来像是木质结构，而实际上是铜质铸件。

铜亭的全部构件制作完毕之后，就用到第三绝——榫卯。铜亭最早建在泰山极顶的碧霞祠，后来被移到了遥参亭内，再被移至灵应宫，最后才安放到了岱庙。岱庙铜亭虽然在五百多年间经历了多次拆卸和组装，却依然完好如初。在不懂榫卯的西方人看来啊，这无疑像是在堆积木、排乐高，令其叹为观止。

哎，我看到现场很多同学已经拿起了研学工具，正在通过蜡与铜巧妙转换的实验，亲身体验千年铸造技艺——失蜡法。其实，四大发明只是古代科技的冰山一角，中华传统科技文化是一座取之不尽、用之不竭的宝库。就拿失蜡法来说吧，它最早见于商代中晚期，领先世界三千多年。唐代苏冕的《唐会要》和明代宋应星的《天工开物》都记载着失蜡法详细的工艺过程。20世纪40年代，航空发动机涡轮叶片制造是一个世界性难题，直到一位美国工程师在中国寺庙里看到了和尚用失蜡法铸造铜钟，才受到了启发，进而攻破了技术难关，用失蜡法制作出了耐高温、精度高的飞机涡轮叶片。同学们，你们知道吗，作为一种古老的技术，失蜡法铸造的精准度能达到5~7级，这远比西方现代机床的精锻工艺要高超很多，直到今天失蜡法依然在航空、机床、模具制造等领域被广泛采用。

蜡的语言倾诉，铜的艺术表达！岱庙铜亭所蕴含的中国传统科技文化同样需要创造性转化、创新性发展。科研筑梦，科创报国，就让我们一起奋发图强，为建设科技强国贡献青春力量！

点评专家——童登峰：

（一）现场导游词创作及讲解

本篇导游词条理清晰，层次脉络分明，讲解对象明确，内容衔接自然。

老北京四合院

全篇内容从北京四合院的历史、建筑特点和四合院的生活方式三个部分介绍，充分结合记者采风团这一讲解对象，内容联系紧密。

从整体上看，全篇导游词立意并不可谓之新颖独特，内容仅是介绍四合院的基本概况，但妙就妙在，简单、基本的内容却能够和"记者采风团"这一团型紧密联系在一起，这就是一篇优秀的导游词非常重要的一点——具有针对性和灵活性，能够从游客的实际情况出发，因人而异、有的放矢地进行导游讲解，这也是一名优秀的导游讲解人员应该具备的职业能力。开篇从四合院的名称解读入手，一个具有丰富内涵和厚重历史的中国传统建筑在记者们面前缓缓铺陈开来。"如何在北京四合院里拍摄出好看的照片呢？"针对记者的工作内容，自然地过渡到介绍四合院的建筑特点，衔接巧妙。"各位记者朋友们，我们也可以从生活方式的角度对四合院展开报道"，从导游的专业知识角度和记者的职业需求角度介绍四合院的生活，既讲解了四合院的基本知识，又投其所好，为记者们提供了建议和帮助，反映出导游讲解的意义和价值，也展示出一名优秀导游员的专业和魅力。最后，老城保护复修工作升华主题——老城的保护利用，提炼出这篇导游词的主题内涵。

本篇导游词在语言表达上也有可圈可点之处，用词口语化、通俗化，语句简洁易懂，整体表达流畅，在介绍四合院的建筑特点时，内容既具有一定文化性和专业性，表达上又十分清楚明了。

在思想深度的把握上，本篇还有待进一步挖掘。北京四合院不仅仅是形制上独具特色，更为重要的是它所体现的生活哲学。大大小小的四合院里，生活未必都是富足有余的，但它一定是自足惬意的，是人们对幸福、美好、恬静的追求。古往今来，四合院里有王公大臣，也有普通百姓；有大宅门，也有小户杂居。它是北京城辉煌与平淡交织的写照，"修旧如旧"留住的应该是历经岁月变迁，人们始终保持的是追求美好生活的精神与勇气，而不仅仅是"乡愁"。个别词句使用不是特别恰当，如开头的"脚下一双趿拉板儿，茉莉花茶来一碗儿"。俗语、顺口溜等的使用固然能使导游语言增加趣味性，但其意义、内涵应该和全文主题内容一致。

（二）自选景点导游讲解

这篇导游词以研学团为对象，围绕泰山岱庙铜亭一绝——失蜡法的工艺，从三大铜亭之一的概况，引出铜亭三绝，步步深入，定格到失蜡法的具体工艺，重点突出、结构清晰、层次分明，很好地达到了导游讲解传播知识的作用。

讲解环节设计精巧，和游客互动交流，现场感强，实验环节的设计更贴近旅游团的类型，讲解对象明确，强调了旅游的体验性，体现出研学的价值，具有一定的知识性、思想性和趣味性。

通篇用词口语化，语言通俗易懂，表达顺畅自然，易于游客理解和接受。

但在整体逻辑思路、核心知识讲解和文化内涵提升上还有进步空间。

段落之间衔接不够紧凑，逻辑关联需要整合加强。在导游词内容上，失蜡法的精妙工艺应该是主线，但镏金工艺和榫卯所占篇幅削弱了展现主线的段落逻辑，重点不够集中；在导游词主题思想上，逻辑不够周密，主题思想升华不够自然，说服力不足。此外，在个别语句过渡上稍显生硬，如"其实，四大发明只是古代科技的冰山一角……"该句过于突兀，过渡不自然。从整体内容和研学环节设计上看，失蜡法如此复杂精妙的工艺，如何深入浅出说清说透，并且能够结合研学的性质和目的，让学生在游中学、学中做、做中创，是这篇导游词在核心知识部分有待提升的地方。

参赛选手：李春呈

太阳神鸟金饰

获奖名次：一等奖
代 表 队：重庆代表队
参赛院校：重庆商务职业学院
选手姓名：李春呈
指导老师：王鹏

导游素养及业务能力

英语口语

才艺运用

凤舞九天凌云志，太阳神鸟焕生机。各位贵宾，我们现在来到的是金沙遗址博物馆4号展厅，在大家眼前的便是我国金银器组别镇国之宝，太阳神鸟金饰。

2005年，全国各大博物馆纷纷派出自己的镇馆之宝到北京参加象征着中国文化遗产最高荣誉的标志评选，大家万万没想到，就是这样一件小小的金箔，在全国1600多件奇珍异宝中，竟然一路过关斩将，最后成功荣膺中国文化遗产标志。

可是它为什么能有如此之大的魅力呢？

首先，流线型的设计手法不仅符合古典美学，也符合现当代我们的审美。这片圆形金箔，直径为12.5cm，重量仅为20g。大家可以先从侧面看，它的厚度只有0.2毫米，相当于两张A4纸的厚度，所以我们可以用薄如蝉翼来形容它。但它的含金量却高达94.2%，很难想象，古蜀人用纯手工打造出了相当于我们今天23K金的纯度。跨越了3200年的时空长河，今天我们来欣赏它，依然觉得美轮美奂，熠熠生辉。

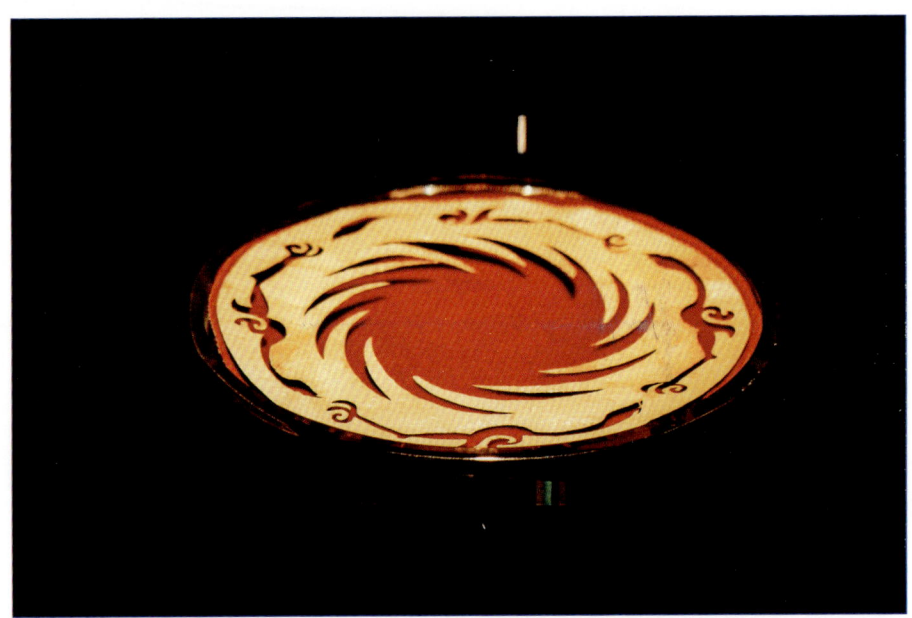

四川成都金沙遗址博物馆太阳神鸟金箔

接下来，大家再从正面来看，这件金箔像不像一幅现代剪纸作品呢？镂空图案的中心好似一轮旋转的太阳，而外面的神鸟朝着逆时针方向，形成了一种旋转的状态，一下子就活了起来，它就像我们熟悉的太极图案一样，周而复始，生生不息。有的专家认为，太阳神鸟金饰出土于金沙遗址的祭祀区，或许代表的是古蜀人对太阳的崇拜。也有人认为，上面的神鸟在古代应该叫作三足金乌，它们正背负着太阳飞行，这与《山海经》中"金乌负日"的传说相印证。还有人认为，四只神鸟代表着四季、四方，十二道太阳光芒代表着十二个月、十二时辰。如果真的是这样的话，那这件作品太了不起了，它把历法、神话传说、宗教祭祀都有机地融为一体，以极其简洁的设计，向我们展现出了一个宏大的宇宙世界。

沉睡三千年，一醒惊天下。或许，正是因为太阳神鸟金饰表达了追求光明、团结奋进、和谐包容的精神寓意，彰显了中国人自古以来向往太阳、崇尚光明的飞天梦想。2005年，太阳神鸟标识被锈在了一张蜀绣上，乘坐神州六号飞船遨游太空，因此，它是我国唯一一件上过太空的文物标识。今年，它又携带古蜀文明之光，融入成都大运会中，以此表达我们对全世界大学生的美好祝愿。

太阳神鸟金饰不仅见证了古蜀人的智慧与精神追求，更将继续见证当代中国人守护文化遗产，赓续文明血脉。谢谢！

点评专家——熊剑平：

（一）现场导游词创作及讲解

本篇导游词的旅游文化元素与团型结合相对紧密，针对抽选团型中小学生研学团，设计接待对象为"珠海十中"的同学，并针对性较强地提出"感悟大国工匠精神，走进港珠澳大桥"研学主题课程，符合该年龄阶段学

港珠澳大桥

生的认知能力和学习能力,这是本篇导游词的一大亮点。

　　本篇导游词条理清晰,流畅自然。开篇以"巨龙卧波伶仃洋,湾区互联向未来"直接点明了讲解主题为港珠澳大桥,其后次第讲解港珠澳大桥的修建历程、地理位置、主要功能,并在讲解中自然引入港珠澳大桥的重要特点,如世界上最长的跨海大桥,连接港珠澳三地,是"一国两制"下三地紧密联系的象征,被外国媒体评选为新世界七大奇迹等。然后重点讲解了港珠澳大桥修建难度最大的巨型海底沉管隧道工程——在40米深的海底完成33节大型沉管指缝范围内的对接。并说明了我国花费巨大精力修建港珠澳大桥的原因:"它不仅搭起了经济、文化、同胞间深厚情感的桥梁,连接了三地,惠民生活,更连接起了新中国的昨天、今天和明天。"最后升华主题:港珠澳大桥"像一条腾飞的巨龙,将中国人的信心和梦想点燃。"

　　但需要指出的是,本篇导游词中两次出现了明显语法错误的称谓"各位同学们",建议改为"各位同学"或"同学们"。另外,本篇导游词的团型为中小学生研学团,假如能多一些与"珠海十中"同学的互动提问,并

在导游词中加上关于研学课程的作业设计则会更好。（熊剑平　卢丽蓉）

（二）自选景点导游讲解

　　本篇导游词条理清晰，开篇便点明讲解重点为太阳神鸟金饰，而后突出了太阳神鸟金饰的重要地位：在众多奇珍异宝中荣膺中国文化遗产标志，紧接着用一句提问引领整篇导游词"可是它为什么能有如此之大的魅力呢？"其后的讲解既回答了问题，更是本篇导游词最想表达的重点，包括太阳神鸟流线型的设计手法。其图案像一幅现代剪纸作品，在简单介绍了太阳神鸟镂空图案后，非常巧妙地用了三个"认为"，全面讲解了太阳神鸟金饰的内涵外延可能包括的三个方面：古蜀人对太阳的崇拜；背负着太阳飞行的三足金乌；四只神鸟代表着四季、四方，十二道太阳光芒代表着十二个月、十二时辰。而后得出结论：太阳神鸟"把历法、神话传说、宗教祭祀都有机地融为一体，以极其简洁的设计，向我们展现出了一个宏大的宇宙世界"。最后升华主题，因为太阳神鸟金饰表达了追求光明、团结奋进、和谐包容的精神寓意，彰显了中国人自古以来向往太阳、崇尚光明的飞天梦想，因此成了我国唯一一件上过太空的文物标识，而今年，又融入成都大运会中。这都让本篇导游词更与时俱进，更具时代气息，更富时代内涵。

　　本篇导游词平实明快，没有华丽辞藻的大量堆砌，符合导游词口语化和通俗化的要求。同时在关键节点又有对仗工整，词句优美的语句，如开头的"凤舞九天凌云志，太阳神鸟焕生机"，升华主题处的"沉睡三千年，一醒惊天下"。最难得的是均简明易懂，无晦涩难明之感，较好地起到了画龙点睛的效果，又体现了一定的文化性，这是本篇导游词的一大亮点。导游词中也有不少模拟与游客交流的提问，但互动性稍显不足。

　　本篇导游词最大的缺憾，也是文博讲解员惯常的通病，即只有点的讲解，没有面的讲解，对于太阳神鸟金饰所在的金沙遗址博物馆几乎只字未提，假如第一段中仅加一句，如"各位贵宾，我们今天参观的金沙遗址博物馆是一座为保护、研究、展示金沙文化和古蜀文明而兴建的遗址类博物馆。现在我们来到4号展厅……"，便达到了逐步聚焦，既有概况介绍，又有细节描述，也就是我们常说的"既见林也见树"的效果。另外，关于太阳神鸟金饰巨大魅力的讲解部分，如能将其厚度和含金量部分单独总结一段，即其制作工艺之精湛，或能使导游词条理更加清晰。（熊剑平　卢丽蓉）

参赛选手：吕如平

杏 坛

获奖名次：一等奖

代 表 队：山东代表队

参赛院校：山东旅游职业学院

选手姓名：吕如平

指导老师：韩兆君

导游素养及业务能力

英语口语

才艺运用

山东曲阜孔庙门口的孔子像

朋友们，上午好，在淄博烧烤的人间烟火气中，我们感受到了山东人民浓浓的人情味，在齐国故都临淄，我们领略了变革开放、包容务实的齐文化。今天，我们又来到了儒家文化的发源地——东方圣城曲阜拜谒至圣先师孔子。欢迎大家来到孔庙参观游览。眼前这座美轮美奂的精致方亭相传便是当年孔子讲学的地方杏坛。此亭呈正方形，四面敞开，每面三间。重檐歇山顶，黄瓦飞檐，顶部细雕藻井，彩绘金色盘龙，精美绝伦。匾额上"杏坛"二字由乾隆皇帝御笔所书，亭内这两块石碑，左侧碑上是金代书法家、文学家党怀英篆书的"杏坛"二字，右侧这块则是乾隆皇帝御制"杏坛赞"碑。方亭四周遍植杏树，枝叶繁茂，每到春和景明，杏花朵朵，灿然绽放。

"杏坛"一名，最早见于《庄子·渔父》篇："孔子游乎缁帷之林，休坐乎杏坛之上，弟子读书，孔子弦歌鼓琴。"按晋朝司马彪的注释，杏坛是指

"泽中高处";清代大儒顾炎武则认为,在《庄子》中凡是讲孔子的,采用的都是寓言的写法,杏坛不必实有其地。到了北宋,孔子四十五代孙孔道辅监修孔庙时,将大成殿后移,除地为坛,环植以杏,名曰"杏坛"。金代于坛上建亭,元代重修,明代隆庆三年改建为重檐方亭,也就是我们现在看到的样子。所以,杏坛其实是为了纪念孔子讲学而建。

杏坛之地虽不可考,但是作为伟大的教育家孔子,他创立的儒家文化却影响深远。以山东为例,无论是开拓进取的齐文化,还是含蓄内敛的鲁文化,都在儒家文化的影响下兼容并包,形成了独具魅力的齐鲁文化。

乾隆皇帝曾问:杏坛何在?杏坛也许在"仁者乐山,智者乐水"的吟诵之间,在陈蔡绝粮,周游列国的困境之中;也许在"尽美矣,又尽善也"的韶乐声里,在"有朋自远方来,不亦乐乎"的诚挚邀请中。杏坛如春风化雨般将中华传统文化的根扎在每一个中国人的心里,也将中国人的文化自信深深刻在每个人的灵魂里。

天不生仲尼,万古如长夜。现在,请朋友们随我一起回首 2500 年前,走进杏坛,去聆听圣人谆谆教诲,以时代精神激活优秀传统文化的生命力。向世界讲好中国故事,传播好中国声音!

点评专家——翟向坤:

(一)现场导游词创作及讲解

该选手抽到的元素为中国剪纸,团型为记者采风团。这是一篇将元素和团型融合得较好的抽选讲解。现场导游词创作及讲解环节设定的目的,就是考察选手在面对不同团型的情况下能否针对性地根据团型讲述所抽到的元素。本篇抽选,开篇设定场景为中国剪纸博物馆,并迅速针对团型入题:"希望各位记者朋友在这里能找到最前沿的新闻热点,让您创作出更多有思想、有温度的新闻作品。"开篇即很好地结合了团型，点明了记者朋友们来到这里的最重要的目的。然后讲述了中国剪纸的历史、发展、渊源和艺术特点。在这段内容中，选手亦较好地将元素和团型做了结合："他们通过剪纸，虚构了美好的形象，来慰藉自己的心灵，把对家人的祝福和最朴素的愿望寄托在了纸上，正如朋友们今天一样，用镜头记录美好，让世界了解中国。"这句话可以算是这篇抽选的点睛之笔，元素与团型在这句话的作用下得到了充分融合。在讲解的最后，选手也是结合记者团的特点，呼吁记者朋友通过自己的视角把中国工艺美术分享给更多国内外的朋友，立意高远，很好地完成了这个环节的比赛。或许是团型的原因，该选手的"主持范儿"在这个环节的表现并不突兀，反而与团型比较契合。

总体来说，在全国比赛的现场能够创作出这样一篇将团型和文化元素结合得较为自然的导游词，并流利地表达出来已属不易，在整场比赛中亦属较为出彩的一段讲解。

剪纸

（二）自选景点导游讲解

该选手自选讲解准备充分，主题是曲阜孔庙杏坛亭。

整体来看，这是一篇上乘的参赛导游词，短短四分钟的时间将选手的舞台表现力以及指导教师团队的创作能力展现得淋漓尽致。这篇导游词有以下特点：一是谋篇布局，设定巧妙。开篇摒弃了传统的参赛导游词大多数的方式，如概况介绍加景点讲解法以及快速入题，"薄皮大馅"法，而是运用了目的地介绍的方法："在淄博烧烤的人间烟火气中，我们感受到了山东人民浓浓的人情味，在齐国故都临淄，我们领略了变革开放、包容务实的齐文化。今天，我们又来到了儒家文化的发源地——东方圣城曲阜拜谒至圣先师孔子。"用这种方式入题，既借助时下网络热点推介了山东的文旅资源，又能让受众快速地融入设定的场景中，亦通过对比的方法自然过渡到自选景点，可谓一举数得。二是逻辑清晰，架构严整。选手通过对杏坛这个具体景点的讲述，将杏坛的来历、背后的故事与文化内涵自然过渡到齐鲁文化及儒家文化对齐鲁文化的深远影响。让受众清晰准确地了解了杏坛的历史、价值、背景和意义，从而能给人带来通篇导游词内容聚焦、选点精准、形式新颖等直观感受。三是引用名句，升华自然。本篇导游词较好地规避了强行升华、硬性拔高的通病，采用大家都耳熟能详的："天不生仲尼，万古如长夜"这句话将儒家文化的影响力升华到"文化自信"、"时代精神"和延续"民族文化血脉"的高度，让人觉得自然而然、铺陈有序且水到渠成。

另外，这篇导游词亦比较契合选手的形象气质。选手在比赛中表现优雅大气、沉稳自如，较好地完成了比赛。美中不足的是，该选手亲和力略显不够，有"主持范儿"的痕迹。

但总体来说，瑕不掩瑜，选手的现场表现仍属优秀。

匠心铸就梦想 技能成就人生

开赛式会场

参赛选手：潘雅淇

炎帝陵

获奖名次：一等奖

代 表 队：湖南代表队

参赛院校：怀化职业技术学院

选手姓名：潘雅淇

指导老师：刘慧

导游素养及业务能力

英语口语

才艺运用

匠心铸就梦想 技能成就人生

湖南株洲炎帝陵

洣水汤汤，鹿原苍苍，巍巍古陵，赫赫农皇。亲爱的游客朋友，欢迎大家来到"神州第一陵"——炎帝陵参观游览。这里是中华民族始祖、农耕文化的创始人神农氏的安息地，也是华夏儿女寻根问祖、祭奠祖先的神圣之地。

朋友们，现在我们来到的是炎帝陵的主殿，这里供奉着一座高达9米、重达399吨的炎帝石雕圣像，它是根据清道光年间《酃县志》上面所附的炎帝的画像雕刻而成的。大家请细看，炎帝面容慈祥，左手拿着耒耜，右手拿着稻穗，身边站立着神鹰和仙鹿，两侧的石刻对联"到此有怀崇始祖，问谁无愧是龙人"，与中间的圣像构成了一个巨大的"山"字，寓意炎帝神农恩德如山，华夏子孙高山仰止。为什么大家对炎帝如此敬仰？炎帝的一生主要有八大功绩，分别是：创耕耘、植五谷、尝百草、辟市场、织麻布、制琴瑟、做陶器、建房屋。我们吃的粮食，穿的衣服，治病吃的草药，都与炎帝的创造相关，所以人们称他为"衣食父母"，他是一位与人类同甘共苦，哺育人类繁衍生息的"父母"神。

相传，神农炎帝生前曾品尝百草，不顾生死，一天中毒72次，仍不肯罢休。经过无数次锲而不舍的实验，最终为人类带来了赖以生存的稻、黍、稷、麦、豆五谷及360多种草药。中华一脉关斯水，龙孙万代念此山，农耕作为华夏文明之母，中华民族五千年灿烂文明之源，它不仅以其涓涓细流滋润了古老苍茫的华夏大地，养育了一代又一代炎黄子孙，而且纳百川，汇千流，终成浩瀚大海。

让我们把时间回拨到1993年，那一年，在炎帝陵，当代神农袁隆平作为主祭人主持了首届公祭活动，这是两代神农跨越千年时空的一次交集和传承。

"跨越万年文明史，纵横古今两神农"。一个是始祖神农，一个是当代神农，凝聚在两代神农上的中华民族精神同样都是坚韧不拔的开拓精神，百折不挠的创新精神，自强不息的进取精神和大公无私的奉献精神，虽然在时空上相隔千年，但一脉相传的"神农精神"却一直深深地刻在我们中华民族的骨子里，这样的精神让我们炎黄子孙在实现中华民族伟大复兴中国梦的新征程上必将再创新辉煌。

山明水秀无双地，虎踞龙盘第一陵。炎帝陵期待着您的再次光临！

点评专家——童登峰：

（一）现场导游词创作及讲解

本篇导游词紧紧围绕"中国传统制茶技艺"元素，充分体现出导游讲解的知识性和文化性。首先详细介绍了中国传统制茶技艺的内容，点出"中国传统制茶技艺及其相关习俗"作为世界非物质文化遗产的价值。接着以福建武夷岩茶为例，细致讲解了具体的制茶绝技，"看天做青，看青做青"等内容都反映出导游词内容对主题元素的把握非常准确。

本篇导游词在面对"中国传统制茶技艺"这一内涵丰富、范围广泛的元素时，选取其中非常有代表性的一个例子来切入，既能够反映主题，又非常具象化，帮助游客对"中国传统制茶技艺"建立起直观而具体的印象，加深认识和理解。

导游语言上平实明快，同时又在恰当的地方使用引用等修辞手法，增加了导游词的优美和韵味。

在立意和布局上稍显薄弱，与政务考察团的团型结合也不够紧密。中国传统制茶技艺能够成为世界非遗，不是因为某一种技艺精湛，而是因为它向世界展现了中国文化的丰富多元、包容博大。申遗的目的更是让人们更好地传承和弘扬茶文化。促进茶产业和文化的有机融合，茶因文兴，文因茶扬，以此为立意，围绕武夷岩茶这方面的传承和创新之处，为黄山政务考察提供经验，才是习近平总书记"统筹做好茶文化、茶产业以及茶科技这篇大文章"的题中应有之义。本篇导游词设计为黄山市的政务考察团，是有一定用意的，这在提到黄山和武夷山具有相似之处可以看出，但以武

晾晒刚采摘的新茶

夷岩茶制茶绝技为立足点，仅在末尾提到了"文旅产品延伸、乡村振兴"等，和黄山政务考察团之间的联系略显松散。

（二）自选景点导游讲解

月章星句，优美生动；首尾呼应，主题鲜明；立意独特，镂骨铭心。这是这篇导游词的优秀之处。从文首的四字表达到贯串全文的对偶句式，对仗工整、文辞华丽的语言让整篇导游词整齐匀称、生动有力、韵律十足、表意凝练、引人入胜。从始祖炎帝创造农耕文明到炎黄子孙奋进伟大中国梦，文章首尾相接、相互呼应，结构清晰、逻辑完整，主题突出、特色鲜明，感染力强、引起共鸣。从始祖神农的赫赫功绩到当代神农的不朽之勋，古今类比，构思精巧，仿若远古始祖跨越时空的长河朝我们走来，又好像杂交水稻之父在巍巍古陵向我们招手，历史与现实交相辉映，增强了导游词的表现力，赋予炎帝陵景点丰富的内涵和深刻的哲理意义，引发思考和联想。

语言表达书面、介绍内容简单、讲解对象不明、作品风格传统是这篇导游词可以提升完善的地方。全篇书面语过多，通俗性和互动性不足，是偏表演式的导游词，使得导游讲解很容易变成舞台演讲，会导致讲解缺乏现场感和实操性。以炎帝圣像景点联系到炎帝生平功绩，再升华至神农精神，导游词角度新颖、时代感强，但讲解内容过于简单，核心景点未详细展开，知识性不强，炎帝陵作为国家AAAAA级景区和首批非物质文化遗产，其历史、文化和社会价值不是炎帝石雕圣像足以展现出来的。导游讲解要因人制宜，这篇导游词的讲解对象不明确，缺少个性化和针对性。从作品风格上来说，是传统导游大赛的展示风格，比较普遍，创新不足。

匠心铸就梦想 技能成就人生

开赛式现场

参赛选手：李锄熔

观天府粮仓永丰村　赏乡村振兴新画卷

获奖名次：一等奖

代 表 队：四川代表队

参赛院校：四川工程职业技术学院

选手姓名：李锄熔

指导老师：何琼盆

导游素养及业务能力

英语口语

才艺运用

又是一年好风景，稻香时节恰逢君！各位领导，大家好！欢迎来到四川眉山永丰村考察指导！2022年6月8日，习近平总书记来川视察，首站就来到了这里。今天，我们就沿着总书记的足迹，观天府粮仓永丰村，赏乡村振兴新画卷。

"一畦春韭绿，十里稻花香。"各位领导，现在我们来到的便是总书记考察时驻足的地方——永丰村高标准农田建设区。大家请看，我们眼前稻田碧绿、郁郁生机；远处白墙黛瓦、如诗如画。当时，总书记便强调：成都平原自古有"天府之国"的美称，要严守耕地红线，保护好这片产粮宝地，在新时代打造更高水平的"天府粮仓"。

我们永丰村是四川有名的种粮村，去年更是获得了大丰收，粮食总产量超4000吨，亩均稻谷产量达700公斤，处于全国领先水平。我想这就是总书记首站便来到永丰村的主要原因吧！在总书记的关心下，永丰村不仅在四川出了名，在全国也小有名气。今年，旅游业强势复苏，永丰村平均每月接待游客两万余人次，旅游收入也成了村民增收致富的另一途径。大家

四川永丰村国家现代农业产业园水稻试验田

看，不远处游人如织，为我们村又增添了一道亮丽的风景线。

如今这片农田内，路相连、渠相通，涝能排、旱能灌，已成为四川省标准化程度最高、规模最大的水稻新品种、新技术中试基地，为建设新时代"天府粮仓"贡献了永丰力量！

那永丰村为何能取得今天的成就呢？这就不得不提及两类"永丰人"：一是以四川农业大学马均教授为代表的农业专家；二是以种粮大户王元威为代表的粮食种植者。2003年，马均教授团队便在永丰村建立了水稻研发示范基地，每年至少在此工作两个月，解决了农业科技问题；2002年，王元威便来到永丰村承包土地，进行粮经复合种植，发挥了种粮大户的带头示范作用。正如习近平总书记考察时所强调的：牢牢端稳中国饭碗，既要靠农业专家，也要靠广大农民。

各位领导，咱们眼前这片稻田，凝聚着一代代永丰人的心血，更承载着我们中国人粮食安全的信心和底气！正是有了这千千万万个永丰人的共同努力，我们才能实现粮食生产大跨越、跑出强村富民加速度、绘出乡村振兴好风景！

点评专家——熊剑平：

（一）现场导游词创作及讲解

本篇导游词旅游文化元素与团型结合紧密，针对抽选团型为亲子旅游团，称谓为大朋友小朋友们，让人感觉亲切自然，并在开篇点明本次旅程为探秘秦始皇陵兵马俑亲子旅行活动，可感受美好的亲子时光。而且非常难得的是，本篇导游词通过不断变换称谓，如针对孩子的小朋友们，针对家长的大朋友们，针对家长和孩子的大朋友小朋友们，不仅强化了团型，也体现了亲子团互动亲切自然的融洽氛围，同时在每次变换称谓后有针对

陕西西安兵马俑

性地讲解景点或提出问题，从不同角度灵活地讲解了孩子和成人所希望了解的兵马俑。

　　本篇导游词条理清晰，重点突出。首先通过向小朋友提问，引出关于秦始皇陵兵马俑最重要的问题，即"什么是兵马俑？"通过模拟与小朋友的互动，解释兵马俑就是陶人。然后针对所有团队游客，讲解兵马俑是兵马形状的殉葬品，也是因社会进步，用木或陶来制成人形代替活人殉葬的产物。在概括性介绍兵马俑后，本篇导游词再一次通过一个问题："大家请看咱们面前的这两个兵马俑看上去是一样的吗？"将讲解重点有针对性地放到了两个具体的兵俑上，并通过对比兵俑姿势和神态的不同，巧妙讲解了兵俑之间的差异。其中更是精妙设计了小朋友可能关心的问题："这两个兵马俑手上怎么既没有干戈也没有弓箭呢？"随后解释了兵俑曾经手持的武器均为木头制成，历经千年均已"化腐朽为土灰"。最后提到请爸爸妈妈牵着小朋友们的手，一同去探寻兵马俑背后更多神秘的故事。既是结束语，又进一步点明团型为亲子旅游团，更说明兵马俑探秘之行仍将继续。

本篇导游词语言生动自然，与小朋友的互动亲切又俏皮，不仅讲解角度契合小朋友的视角，也很好地体现了现场感；与大朋友的互动沉稳且不失活泼，不仅拔高了讲解的深度，也拓宽了讲解宽度。本篇抽选景点导游词，在极短的时间内完成现场创作，能有如此上佳效果实属难得。（熊剑平　卢丽蓉）

（二）自选景点导游讲解

本篇导游词对象明确、互动自然。导游词设计接待旅游团型为政务考察团，全篇讲解围绕政务考察团的特点展开。开篇便点明永丰村是习近平总书记来川视察的首站，所以政务团将沿着总书记的足迹考察永丰村，并点明团队来到的位置为总书记考察时驻足的地方——永丰村高标准农田建设区，很好地体现了现场感。

在简单描绘了永丰村的景观后，用习总书记当时的话："在新时代打造更高水平的'天府粮仓'。"引出永丰村作为四川著名的种粮村，如今所发挥的作用，即"已成为四川省标准化程度最高、规模最大的水稻新品种、新技术中试基地，为建设新时代'天府粮仓'贡献了永丰力量！"尤其是其后通过通俗易懂的"两类'永丰人'"，清晰地阐释了永丰村为何能取得今天的成就，更点题了习总书记在考察时所强调的"牢牢端稳中国饭碗，既要靠农业专家，也要靠广大农民"。最后以永丰稻田凝聚永丰人的心血，升华其承载着中国人粮食安全的信心和底气，并点题永丰村"跑出强村富民加速度、绘出乡村振兴好风景！"本篇导游词与团型结合紧密，且内容设计完全符合政务考察团型讲解的要点，包含一定的政治意义：富民，乡村振兴，更有升华主题到粮食安全。

本篇导游词语言清新明快，语句简洁易懂，同时也适当运用了典雅别致的语言，如开篇与"正是江南好风景，落花时节又逢君"相似的"又是一年好风景，稻香时节恰逢君"，第二段中的"一畦春韭绿，十里稻花香。"

都很好地点明了稻田景观的特色。第一段中的"观天府粮仓永丰村，赏乡村振兴新画卷"，也极好地点明了永丰村的特色，但"观""赏"二字虽暗合"观赏"，却稍显疏离感。

  本篇导游词在谋篇布局上略显条理不清。导游词第三段提到永丰村粮食总产量"处于全国领先水平，我想这就是总书记首站便来到永丰村的主要原因吧！"似有不妥，吸引总书记前往永丰村的主要原因听来应是"这里已成为四川省标准化程度最高、规模最大的水稻新品种、新技术中试基地"。如果此处能先完整阐述永丰村的特点，再通过讲解两类"永丰人"说明永丰村所取得的成就，然后接"我想这就是总书记首站便来到永丰村的主要原因吧！"一句更为合理。其后提到"在总书记的关心下，永丰村不仅在四川出了名，在全国也小有名气。今年，旅游业强势复苏"，简单介绍目前永丰村旅游的发展，整体逻辑则会更加清晰。本篇导游词如能做合理的调整，呈现更清晰的条理便会是一篇佳作。（熊剑平　卢丽蓉）

参赛选手：魏天昱

安阳殷墟

获奖名次：二等奖
代 表 队：河南代表队
参赛院校：郑州旅游职业学院
选手姓名：魏天昱
指导老师：李俊

导游素养及业务能力

英语口语

才艺运用

洹水安阳名不虚，三千年前是帝都。亲爱的红旗路小学五一班的同学们，今天我们"文字源、中华魂"研学之旅的第一站就来到了世界文化遗产地——安阳殷墟。

殷墟是中国历史上第一个有文献可考，并为甲骨文和考古发掘所证实的最早的古代都城遗址。这里不仅出土了大量的青铜器、玉器、宝石等珍贵文物，更因为甲骨文的发现而闻名于世。说到这里，我想考考大家："什么是甲骨文呢？"我听到了同学们的回答："大家在学习语文课文《甲骨文的发现》中，知道了甲骨文是刻在龟甲或兽骨上的文字。"看来大家对课本知识掌握得不错，那甲骨文又记录了些什么内容呢？

接下来，请同学们随我穿过仿殷大殿，一起走进编号为YH127的甲骨窖穴遗址。这里共出土商王武丁时期的甲骨卜辞17096片，是殷墟考古史上出土甲骨最多的窖穴，也反映出商代占卜之风的盛行，如祭祀出征、气候收成、出门田猎等，一个古老而神秘的商王朝，就通过甲骨文的记述，真实而鲜活地展现在我们面前。

河南安阳殷墟宫殿宗庙遗址

行走在这200米的甲骨文长廊中,同学们是不是有一种时空穿越的感觉?殷墟先后出土甲骨约有15万片,从已识别的1500个单字来看,或象形或会意或形声兼备,已具有汉字六书的造字原则,识读起来,特别有趣。我们一起来看这个甲骨文,下面两个人,上面是一杆迎风飘扬的大旗,你们能猜出这是什么字吗?有同学说,这特别像我们跟着导游旗游览的情景,没错,这就是会意字"旅",它的本义是指军队,后来又被引申为旅行、旅途。我们发现中国旅游日的标志就来源于甲骨文"旅"字的变形,大家请看,在导游旗引领下,游客们正兴致勃勃地踏上旅途,象征着中国旅游蓬勃发展的朝气和生命力。这样一个"旅"字的创意标志就把3000年前的古老文字与现代审美相结合,让传统文化与创新思维碰撞出了新的火花。

作为世界上唯一传承至今的古文字,甲骨文不仅证实了商王朝的存在,更把有记载的中华文明史向前推进了近5个世纪,向世界证明了古老的东方文明,是中华儿女血脉相连、生生不息的基因和纽带。

同学们,希望今天的殷墟研学之旅能够成为大家开启传统文化的钥匙,也期待你们用最年轻、最有活力的方式让中华文化焕发出新的时代风采。

点评专家——操阳:

(一)现场导游词创作及讲解

"二十四节气"是上古农耕文明的产物,是上古先民顺应农时,通过观察天体运行,认知一岁中时令、气候、物候等变化规律所形成的知识体系。它将天文、农事、物候和民俗实现了巧妙的结合,衍生了大量与之相关的岁时节令文化,成为中华民族传统文化的重要组成部分。选手在此环节的整体表现不错。自然亲切,表达流畅,较好地介绍了"二十四节气"的由来。选手讲解的切入点非常巧妙,通过欢迎词"亲爱的记者朋友们,欢迎

中国农业展览馆

大家来到中国农业博物馆参与此次'二十四节气'专题展的采风活动",直接点名目的地景区,有效缩小了讲解范围,使得宽泛的"二十四节气"有了媒介和主题。

  建议选手:一是提升讲解的关联度。为匹配记者采风团,选手点名此次旅行团的目的是"希望大家可以通过我的讲解,加深对'二十四节气'的理解与感悟,启发新闻写作,提供新闻素材,为宣传和弘扬中国优秀传统文化,唤醒文化之美助力"。可惜与随后2分钟的讲解关联度不大,从而显得这句话是记者采风团的程式化配置。建议选手加强文化元素与团型的紧密衔接。二是提升讲解的契合度。选手选择"中国农业博物馆'二十四节气'专题展的采风活动",但可惜随后未围绕中国农业博物馆"二十四节气"专题展进行讲解,因而削弱了切入的价值。此外,记者采风团的旅行目的是通过媒体的专业视角去展示"二十四节气",将镜头对准农耕文化,讲述节气文化和民间习俗,以生动鲜活的新闻产品,向外界展示中国优秀传统文化。建议选手在内容选择上可以突出"二十四节气"的成因来历、风俗习惯、特色美食、独特活动等。

(二)自选景点导游讲解

这是一篇比较优秀的导游词。一是主题突出,条理清晰。导游词开篇以诗词导入,进而根据团队属性,提出研学主题,以世界遗产地的标签吸引学生,并能有效结合讲解对象的特点,由浅及深地切入主题,将研学科目(小学语文课文)渗透其中,并采用制造悬念的讲解方法,有效帮助学生理解甲骨文的基础知识。二是语言生动,代入感强。通过设问、反问、疑问等手法,能够根据团型,进行有针对性的讲解,表达上语言轻快,节奏感强。如在讲解具有时空穿越感的200米甲骨文长廊时,尤其是对"旅"字的解读颇有新意,设计比较精巧,古今结合,渲染意境,使人有身临其境的感觉。三是结构比较严谨,重点突出。在谋篇布局上紧扣殷墟甲骨文这一主题进行了较为深入完整的有效呈现,重点突出,结构比较严谨。只是个别地方表述过于书面化。如最后两段文字,虽然能突出甲骨文以及殷墟遗址对于中国历史文化发展的重大意义,但不太符合与小学生交流的语言特点,建议用容易听懂、容易接受的语言讲解更好。

匠心铸就梦想 技能成就人生

参赛选手备赛

参赛选手：饶雅琦

南浔古镇　百间楼

获奖名次：二等奖

代　表　队：浙江代表队

参赛院校：浙江旅游职业学院

选手姓名：饶雅琦

指导老师：吴娜佳

导游素养及业务能力

英语口语

才艺运用

浙江湖州南浔古镇

"百间楼上倚婵娟,百间楼下水清涟;每到斜阳村色晚,板桥东泊卖花船。"

各位游客,现在我们已经来到了南浔古镇的百间楼。

南浔自古以来就崇儒尚文,有"九里三阁老,十里两尚书"的美誉,仅宋、明、清三代,就出过四十二个进士。百间楼就是明代礼部尚书董份修建的。

据传董份归隐南浔后,他的孙子与茅家结亲,茅家嫌弃堂堂董尚书家里的房子不够宽敞,就遣媒人对董家说:"女方家有一百个陪嫁的婢女,你家太小,住不下。"老尚书听后,非但不生气,反而淡定地说:"不妨,我马上造一百间楼,给你家每个婢女住一间。"果然,董尚书架长板桥于河东河西两岸,立屋百余间,故称"百间楼"。

大家请看,历经四百多年洗礼的百间楼绵延在400多米长的青石板路上,灰墙、青瓦、河埠、券门、廊檐,是江南一带极为罕见的,也是保留最完整的沿河民居群。

这里的建筑以骑楼、封火墙、券门三部分为主。骑楼有全骑楼、半骑楼，逐间连成一体，疏密有致，轩然大气。我们再抬头看一下骑楼之上的封火墙，形式多样，有马头、云头、观音兜，有三叠、五叠，错落有致。花色繁多的封火墙，起到了防火防盗的作用，还形成了百间楼灵动飘逸的天际轮廓线。我们再来看，骑楼下还设有券门，轻巧通透，洞洞相连，组成了骑楼式的长街，既可以遮阳避雨，还可以闲话纳凉。所以，百间楼的特点就是"过街骑楼轻巧空灵，券洞墙门层次分明；封火山墙高耸入云，河埠码头邻里亲近"。

百间楼既传承了中国传统建筑的精髓，又具有江南民居的地域特色，是形式美与实用建筑的完美结合，至今仍令人赞叹不已。

各位游客，现在我们就从河埠码头坐船进入百间楼河道。曾经啊，南浔人在这样的船里载瓜菜，载米粮，载红衣新娘，载青衫远客。船载着他们的生活，去他们想去的远方，归他们盼归的家。当年，写出最有情怀辞职信的顾老师，就带着"世界那么大，我想去看看"的念想走进了南浔，这里应该就是她想去的远方；而她在百间楼民宿住下后，迟迟不愿离去，那是她找到了"人间有味是清欢，此心安处是吾乡"的淡泊宁静。是啊，这样有声有色的画面，聚拢来是风景，摊开来是人间，应该是符合所有人对幸福的具象，那就是湖山秀美，平安喜乐。它们承载着"不辍劳作，天人和谐"的朴素信仰，孕育着华夏文明生生不息的基因密码，彰显着中华民族的精神追求和伟大智慧。

谢谢大家！

点评专家——魏凯：

（一）现场导游词创作及讲解

本篇导游词选手讲解时落落大方，声音甜美，抑扬顿挫，现场感很强。

导游词内容很好地结合了团型,从地域上设定了来自浙江的商务团,把三星堆和良渚有机地结合起来,让后面遗址文化的导入更自然;在内容上,又用茅台咖啡作为类比,使得导游词的商务性又凸显出来,是很巧妙的构思。问题也有两点:第一,用设定的团型名称作为对游客的称谓,太有距离感,不太恰当;第二,关于三星堆的内容介绍比较少,重点不够突出。

(二)自选景点导游讲解

这篇导游词以诗词开篇:"百间楼上倚婵娟,百间楼下水清涟;每到斜阳村色晚,板桥东泊卖花船。"瞬间将我们带入了江南水乡的诗情画意中。接着以一个简短的传说引出了今天的"主角"——百间楼的来历。开篇点题,节奏明快,属于比较典型的符合大赛要求的导游词。要在有限时间内将一个景点讲好、讲透并不是一件容易的事情,要将听众的注意力集中在要讲的景点内容上,要尽量聚焦,在这一点上,本篇导游词做得很好。

浙江湖州南浔古镇

然后开始重点讲解百间楼的建筑特点，着重讲述了骑楼、封火墙和券门三部分。让我们了解到了"百间楼既传承了中国传统建筑的精髓，又具有江南民居的地域特色，是形式美与实用建筑的完美结合"独特的艺术价值。"曾经啊，南浔人在这样的船里载瓜菜，载米粮，载红衣新娘，载青衫远客。船载着他们的生活，去他们想去的远方，归他们盼归的家。"此句话很有画面感，并且自然过渡到了江南水乡民众惬意舒适的生活，让受众有身临其境的感觉，代入感很强。

　　最后，以当年写出最有情怀辞职信的顾老师为例升华到人们对美好生活的向往和追求。整篇导游词逻辑清晰，层次分明，主题明确，行文流畅，是一篇上乘之作。

　　本篇美中不足的地方有以下几点：比如引用诗文方面，如果不是耳熟能详、妇孺皆知的诗句应说明出处或简单释义说明，在本篇导游词中引用的诗文均未做解释；又比如用词方面不够严谨，"轩然大气"一词不通；此外，在结尾处以顾老师为例来作为收尾升华，似乎给人一种分量不够的感觉，如果能用一位更有影响力的人物为例，或许更好，更有感染力。其列的最后两句有明显"硬性拔高"之感。

匠心铸就梦想 技能成就人生

开赛式现场

参赛选手：钦诗微

钱武肃王祠

获奖名次：二等奖

代 表 队：江苏代表队

参赛院校：无锡商业职业技术学院

选手姓名：钦诗微

指导老师：何调霞

导游素养及业务能力

英语口语

才艺运用

江苏无锡惠山古镇

"惠山街，五里长，踏花归，鞋底香……"亲爱的同学们，欢迎走进惠山古镇，这里分布着118座祠堂，几乎每家祠堂都蕴藏着"慎终追远，崇祖尚德"的故事。我们的探寻要从哪里开始呢？请随我进入惠山寺旁边的钱武肃王祠。

钱氏家族起源于唐朝末年，历经三十多世，人才济济。近现代全国200多位院士中，仅无锡钱氏就出了10位。俗话说：君子之泽，五世而斩。这个家族为什么能枝繁叶茂，子孙贤达如此呢？

请随我拾级而上，探寻钱氏家族兴盛的基因密码。

同学们，现在我们来到了主殿五王殿，大家看，上方的"保障江山"匾额为康熙御题，意为肯定钱氏家族对国家做出的贡献，正中悬挂的是钱氏先祖钱镠的画像。请大家将目光转向案几上这块丹书铁券，它是我国现存最早的一件铁券实物，原品藏于国家博物馆，钱氏家族的故事还要从这块丹书铁券说起。我们来看，铁券上有一句"卿恕九死，子孙三死"，意思是钱镠可以凭此券免9次死罪，其子孙豁免3次。钱氏先祖面对这样一块免死金牌，反而陷入了担忧。因为得到铁券特宠而骄，最后走向衰败的家族比比皆是。经过深思熟虑，他决定制定世代相传的规则来匡正子孙，这就是已成为国家级非物质文化遗产的《钱氏家训》。

说到这儿，同学们也许会问了，中国家训文化源远流长，钱氏家训又有什么特色呢？

大家请看左侧粉墙上镌刻的635字，它从个人、家庭、社会和国家四个角度为子孙订立行为准则。钱氏家族的每一个新生儿出生时，全家都要诵读家训。他们不仅读，也是按照家训去做的。著名科学家钱伟长读中学时，因父亲去世动起退学的念头，但母亲严词训斥，因为，读书成才是家训。国学大师钱穆听说后，立即伸出援手，解决后顾之忧，因为，提携宗族、赈济亲朋也是家训。1949年，身在美国的钱学森冲破万般阻挠，毅然回到祖国，因为，强国富民更是家训。早在钱学森赴美留学时，他的父亲钱均夫这样告诫他："人生当有品：如仁、如义、如智、如忠、如悌、如教！

《钱氏家训》的核心价值就在于：重德修身与心怀天下并举，家国情怀贯穿始终。

家是最小国，国是最大家。当一个家族与国家命运同频共振时，在历史的洪流中它一定会生生不息，绵延不绝。

好了，同学们，下面就让我们细细品读，一起感受这千年传承的力量。

点评专家——刘晓杰：

（一）现场导游词创作及讲解

该名选手抽取的元素是中国茶文化，团型为亲子考察团。首先，从导游词的创作来讲中规中矩，从茶文化的内涵、中国茶文化的发展历史、品类、茶的诗词文化，再到求是网《听总书记"谈茶论道"》的"'茶'字拆开，就是'人在草木间'"。貌似环环相扣，步步递进，但细细品味则文化内涵略显不足，有些"言之无物"。其次，从团型来看，据新浪财经网携程相关数据统计，参加亲子旅行的儿童中有46.9%的年龄在7~12岁，主要是小学生，32.8%年龄在4~6岁，2~3岁的学龄前儿童占比为20.3%。因此导游词创作内容应考虑亲子团不同年龄段的接待标准和需求。如果不能满足亲子团游览的目的，创作的实际意义并不高。

当然在全国比赛现场能够创作出一篇将团型和文化元素结合得较为自然的导游词实属不易。选手在讲解中不卑不亢、亲切自然、娓娓道来，从导游服务角度出发选手现场综合表现非常值得肯定。希望选手继续发挥自己的优势，通过不断努力，提升导游职业综合素养，让自己更加优秀。

茶道泡茶

（二）自选景点导游讲解

该篇导游词的转型上选择当下最为热门的研学旅行团，并以"家风古训"为切入点，结合整理钱武肃王祠的精彩故事，最后落到了《钱氏家训》的核心价值并进行解读，收尾采用研学学生细细品读，给团队一定思考的空间，引导研学学员弘扬及继承中华优秀传统文化，树立良好家风、家训、家规。

在整体结构上，本篇导游词采用了大赛中较为常用的"总分总结合"的结构形式，以参观游览的空间顺序表达层次递进，从"惠山古镇"到"钱武肃王祠"，再到"五王殿"里的匾额、丹书铁券、钱学森的故事，"由大到小""由古至今"层层深入。在介绍钱武肃王祠时做到了史料翔实、内容丰富，在该段落结尾作者以重德修身与心怀天下并举，家国情怀贯穿始终的"钱氏家训"为点睛之笔，并以此为转折，文字设计巧妙，是文学功底和导游艺术相融合的精彩篇章。

但在整篇导游词创作中还有以下几方面需要细细斟酌，一是空间跨度是否较大，短短四分钟时间，各部分笔墨较为均匀，结尾略显潦草，不太符合研学的特殊性，容易出现研学旅行中游有余而学不足的问题。二是在讲解技巧运用方面，针对研学团队学生特点，建议采用"问答法"。首先，"问答法"中可以采用"自问自答"法来提高研学学员的注意力，可以有效解决研学团队中学生注意力难集中的问题，"我问客答法"可以诱导研学学生动脑思考，提高学生的辩证思维能力，"客问我答法"则可以充分满足学员的好奇心。三是在导游词的开篇设定中可以考虑用倒叙的方式，由今推古。以中国人民所熟悉、所敬仰的"中国航天之父"和"火箭之王"钱学森作为开篇会更加精彩，能够打开学生"好奇心的缺口"，让学员有耐性、有兴趣听下去，以引起学员急切期待和探索的心理，从而达到继续探索下去的目的。

匠心铸就梦想 技能成就人生

参赛选手备赛

参赛选手：朱海月

都江堰水利工程

获奖名次：二等奖

代 表 队：广东代表队

参赛院校：深圳职业技术学院

选手姓名：朱海月

指导老师：江玲

导游素养及业务能力

英语口语

才艺运用

用心拉近您与都江堰的距离，用真情与您分享都江堰的故事。亲爱的游客朋友们，大家好！

欢迎您来到三遗之城，天府之源，都江堰市！这里因有世界上最古老的水利工程而得名，堪称"一堰倾城"。有朋友会问："为什么都江堰经历了2000多年，至今仍能被现代人使用？这其中又有着什么样的奥秘？"那么，现在就请大家随我一起走进都江堰来了解这座充满智慧与精湛技术的水利典范之作！

从景区6号门进来，登上雄峙江岸的秦堰楼，这里是俯瞰整个都江堰的绝佳位置。在您的右手边，滚滚而来的就是长江上游最大的支流——岷江。在都江堰未建造之前，高高的玉垒山挡住了岷江的去路，每逢春夏之际，洪涝灾害严重，两岸可谓民不聊生。直到公元前256年，由秦代蜀郡太守李冰主持修建了这一伟大的水利工程，灾害问题才得以解决。

整个水利工程由鱼嘴、飞沙堰和宝瓶口三大主体部分组成，它最重要的特征是自流排灌、无坝引水。您看河流上游方向，迅猛的江水遇到了鱼

航拍四川成都都江堰全景

嘴分水堤，被自动分流成了外江和内江。外江水顺着原河道流入长江，内江水则经过宝瓶口流入成都平原；在鱼嘴分水堤的尾部，和人字堤之间修筑了飞沙堰，精妙地处理了今天全世界水利工程都为之困扰的泥沙排放问题。那么，都江堰又是如何发挥灌溉作用的？其实，答案就在宝瓶口！顺流而下的内江水，经过飞沙堰后，来到了宝瓶口，以这里为起点，开启了成都平原密如织网的自动灌溉体系，一幅"九天开出一成都，万户千门入画图"的生态画卷就在我们眼前徐徐展开！

习近平总书记在全国生态环境保护大会上，举都江堰生态水利工程案例，阐明加强生态文明建设必须坚持人与自然和谐共生的原则，我们要牢记文明大国建设的基础工程，功在当代、利在千秋！

岷江之水在崇山峻岭之中千回百转，古老的都江堰与热情的江水浑然一体，亘古不变地停留在山水之间，以其朴素达观的东方精神凝固成为人类和地球永恒的记忆，向世人展示了他不可思议的水利哲学和灵动悠远的灿烂文明。

接下来，请大家随我一起走过安澜索桥，漫步金刚堤，共同领略"水利文化鼻祖"与周围古建筑完美融合的独特魅力吧！

点评专家——毛润泽：

（一）现场导游词创作及讲解

该选手抽到的旅游文化元素是三星堆遗址，团型是亲子旅游团。选手内容选材合理，紧扣团型。用词比较合适，详略得当，但内容略显单薄，缺少一定的文化性、创新性和时代特色。

选手讲解部分比较精彩，能够结合亲子旅游团型，面带笑容，讲解热情活泼，手势变化多样，符合场景要求，语言通俗易懂，语速快慢适中，适合团型。讲解中，选手多次提问或设问，和小朋友的互动性较强。讲解中的不足之处是没有具体形象地对数字进行解释，因为是亲子旅游团，小朋友对很多数字理解比较模糊。

（二）自选景点导游讲解

这是一篇比较优秀的自选导游词作品，选手用生动的语言和丰富的知识向游客介绍了都江堰水利工程的历史、结构、功能和意义，展现了对水利文化的热爱和敬佩。

作品的优点有：结构清晰，层次分明，符合导游讲解的逻辑顺序。内容充实，涵盖了都江堰的建造背景、工程特点、灌溉效果、生态价值和文化影响。既有事实依据，又有感情渲染"既有专业术语，又有通俗解释"，既有历史叙述，又有现代引申。导游词语言流畅，富有变化，使用了多种修辞手法，如比喻、引用、反问等，增强了语言的表现力和感染力，吸引了游客的注意力和兴趣。

作品的不足之处是部分内容缺乏细节，如鱼嘴、飞沙堰和宝瓶口的具体形状、尺寸、位置等，可以适当添加一些形象的描述，让游客更容易理解和想象。部分内容过于简单，如岷江之水的诗句，可以适当加以解释和引申，让游客更能感受到都江堰的精神和魅力。部分内容缺乏互动，没有设置问题、游戏、竞猜等环节，如果适当增加一些互动方式，游客会有更强的参与感和体验感。

这篇导游词可以根据具体游客的年龄、兴趣、需求等，灵活调整讲解的内容、顺序和重点，使之更贴近游客的心理和感受。还可以结合其他景点，如杜甫草堂、青城山等，进行横向比较和纵向延伸，使之更加全面和深刻。

参赛选手：许沁源

三苏祠洗砚池

获奖名次：二等奖

代 表 队：四川代表队

参赛院校：四川文化产业职业学院

选手姓名：许沁源

指导老师：张敏

导游素养及业务能力

英语口语

才艺运用

四川眉山三苏祠博物馆内的——洗砚池

各位领导：

大家好！欢迎来到三苏祠博物馆学习考察。

在中国文化史中，苏东坡绝对算得上是宗师级"大咖"。有关他的故事，世代传颂。故宫珍藏东坡墨迹、杭州一道苏堤春晓、湖北黄冈东坡赤壁……这些遗迹一次次登上热搜。人们不仅感慨他门类广博的贡献，更欣赏他处变不惊的超然。而这一切的缘起都在这眉山三苏祠内，源自苏门家风的长期浸润。

各位领导，走过荷塘，一潭小巧玲珑的池水就在眼前，这，就是"洗砚池"。池水旁的这通刻石是苏轼的《天石砚铭》。一篇铭，255字，为我们再现了900多年前父子间的心有灵犀。今天的故事我们就从这一池水、一方砚和一通碑开始讲起。

苏轼12岁时，与伙伴在家中庭院挖土玩耍，偶然刨出一块温润晶莹、形状像鱼的石头，尝试用作砚台，发现非常好出墨，却没有储水的凹槽，苏轼因此有些懊恼。父亲知道后告诉他，这是一方天砚，是你文章发达的祥瑞之兆！并亲自制作砚匣赠予他。苏洵那句"是文字之祥也"在幼年苏轼心中播下了一粒种子，他在砚台后面刻下"一受其戒，而不可更。或主于德，或全于形。均是二者，顾予安取"的文字。苏轼告诉自己：一旦接受了上天的造就，就不要改变自己的初衷。人生在世，保全道德比保全形体更为重要。

此后数十载，苏轼"身行万里半天下"，一直带着砚台和父亲做的砚匣。可就在乌台诗案被贬黄州后，这砚却不见了踪影。面对人生低谷，苏轼也曾孤寂痛苦，也曾想那就"江海寄余生"罢了；是"一受其戒，而不可更"的初心，让他蜕变成"一蓑烟雨任平生"的苏东坡。四年后，苏轼被重新启用，翻检书箱时竟发现迷失多年的"天石砚"，大喜过望的苏轼将砚转赠给儿子，并告诉他"主于德不必全于形"的家训。后人在苏轼洗砚的池水边刻下这通碑石，想留下的也正是苏门三代人跨越近千年的家风传承。

各位领导，这一池水，倒映的是苏门的读书正业；这一方砚，磨砺的是苏门的德行兼备；这一通碑，铭记的是苏门的非义不取。苏门家风在优秀的传统文化中化育，更在三苏的人生经历中彰显。正如习近平总书记在考察三苏祠时指出："一个三苏祠，可以看出我们中华文化的博大精深。我们说要坚定文化自信，中国有'三苏'，这就是一个重要例证。"

好了，各位领导，接下来请随我一起走近苏母雕像。

点评专家——万雯：

（一）现场导游词创作及讲解

该选手抽取的文化元素是宣纸传统制作技艺，团型是政务考察团。选手围绕团型特点选取了泾县宣纸博物馆为载体进行了导游词的创作与讲解。

导游词开篇就紧扣团型特点，从该政务考察团已经参观考察过的书法、绘画等非遗项目自然而然引出了本次讲解的主题——宣纸传统制作技艺，开篇十分自然，一点儿不突兀。

在讲解中，选手重点介绍了古法宣纸的制作技艺。从古法宣纸的制作原料到古法宣纸制作过程的108道工序，从古法宣纸制作的时间到古法宣纸制作的关键工艺，讲解十分具体、形象、生动。多引用数据，增强了讲解的说服力与艺术感染力。最后，选手谈到了宣纸传统制作技艺的保护与传承。

整篇导游词创作一气呵成，逻辑性强，语言生动形象，主题鲜明，重点突出，条理清晰，且选手能在有限的时间内创作出来，不失为一篇佳作。

（二）自选景点导游讲解

该篇导游词以三苏祠的洗砚池为线索，筛选出三苏祠里最有特色的景点，生动地讲述了苏家"一池水、一方砚、一通碑"的历史故事，条理清晰，逻辑严谨，语言生动形象。

在导游讲解中，重点讲述了苏轼的父亲亲自制作砚闸赠予并勉励他以及苏轼后来又将"天石砚"转赠给儿子并传授家训的故事，通过历史故事的讲解激起了游客的浓厚兴趣，增强了导游词的趣味性，也让游客在尽情饱览景点风光的同时领略了历史文化遗产的魅力与风韵，深刻感悟到家风传承的重要。

最后，导游词前后呼应，提炼出"一池水、一方砚、一通碑"里蕴含的苏家家风中的"读书正业、德行兼备、非义不取"等优秀中华传统文化的精髓。

全篇浑然一体，主题鲜明集中，将文人诗句引入文中，文化品位较高，让游客在游中思、游中悟，真正是游有所得。

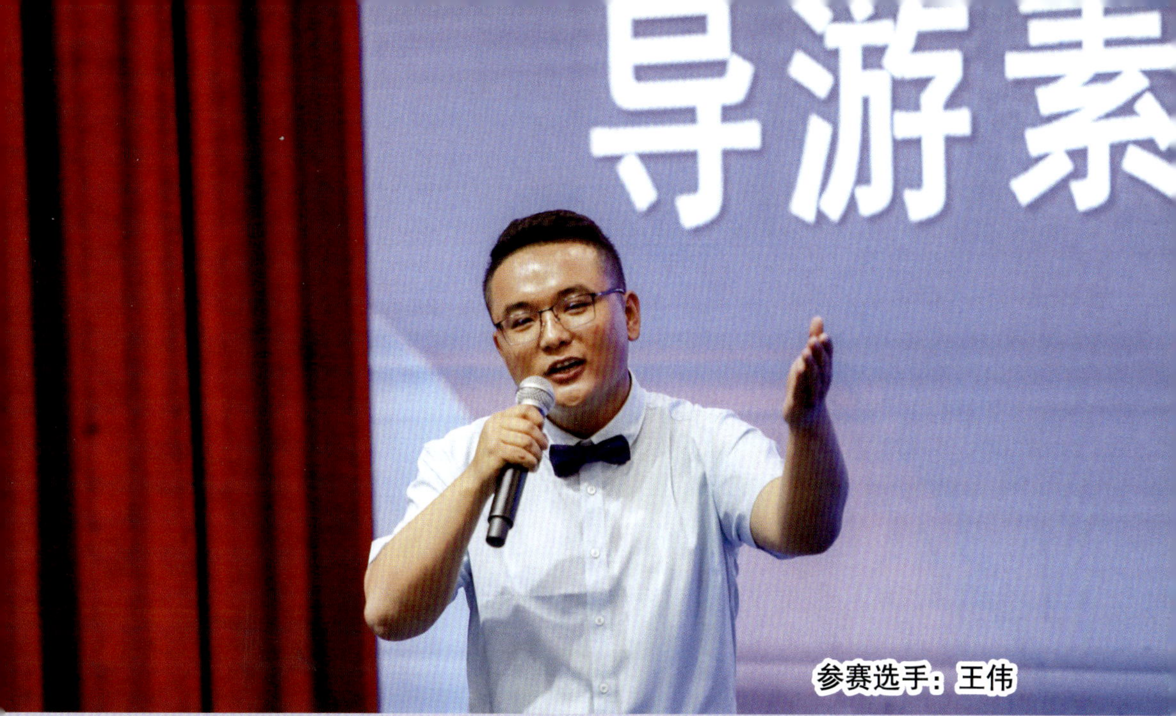
导游素
参赛选手：王伟

西安碑林博物馆——昭陵六骏

获奖名次：二等奖

代 表 队：青海代表队

参赛院校：西宁城市职业技术学院

选手姓名：王伟

指导老师：苏鹏

导游素养及业务能力

英语口语

才艺运用

匠心铸就梦想 技能成就人生

泱泱中华，万古江河，碑石有林，翰墨隽永！

同学们，大家好！欢迎大家来到"梦回长安"研学之旅的第一站——西安碑林博物馆。

西安碑林距今已有900多年的历史，博物馆收藏有历代碑石、名家墓志、石刻造像3000余件，历史跨度更是达到了惊人的2000年，让这里成为中国书法艺术的宝藏集中地。

各位同学，我们现在来到的是碑林石刻艺术室展厅，看到的这一组文物就是陪伴唐太宗李世民征战四方、一统天下的昭陵六骏。大家请看，昭陵六骏分别指的是飒露紫、拳毛䯄、什伐赤、白蹄乌、特勒骠、青骓。

哎！大家有没有注意到，这块石碑上的马和其他马不同，六骏中只有这块石碑上有一个人物，石碑上的马叫飒露紫，内容为大将丘行恭为"飒露紫"拔箭。据《旧唐书》记载，李世民与王世充在洛阳邙山的一次交战中，飒露紫为护李世民，起身挡箭。从石刻中我们可以看到，李世民的大将丘行恭一手拔箭，另外一只手轻抚飒露紫的面颊，头微微贴近飒露紫，

陕西西安碑林博物馆

拔箭的一瞬间，丘行恭的左眼角内侧流下了一滴眼泪，似乎在与战友做最后的告别。请大家再看飒露紫，此时飒露紫后腿微微弯曲，呈后退姿势，显得有点儿紧张，它好像也懂得有人在为他拔箭，这一人马生死的托付，情感交融的瞬间，被唐代著名画家阎立本记录了下来。

不过各位同学，今天我们看到的飒露紫与拳毛䯄这两幅作品是复制品，现真品藏于美国宾夕法尼亚大学博物馆，据中国文物学会统计，在过去的100多年间，包括昭陵六骏中的二骏，流失海外的中国文物超过1000万件。因此，让流失的文物回家，是每一个中华儿女责无旁贷的使命，自新中国成立以来，我国通过执法合作、司法诉讼、协商捐赠、抢救征集等各种方式，坚定追索流失文物，目前，15万余件流失海外的中国文物已经回家。

一件件流失海外的文物踏上归途，见证的是中华民族从屈辱颠沛，到富强兴盛的历史脚步，也向世人昭示了"民族弱则文物失，国运强则文化兴"的深刻道理。

好了，各位同学，这部分的内容就先讲到这里，接下来我们进行以"昭陵二骏——我们等你回家"为主题的签名活动，让我们一起祝愿国宝早日回家！

点评专家——魏凯：

（一）现场导游词创作及讲解

本篇导游词选手讲解从容得体，语调娓娓道来，听起来比较舒服；另外从苏州园林到四大名园的特点，介绍得比较全面，但问题也出在这：第一，导游词的空间属性不明确，开篇的大部分内容讲了苏州园林的概况，中间部分又仿佛走到了四大名园中的每一处，逻辑上稍显混乱；第二，本篇最后讲到即将进入拙政园参观，但前面又以拙政园为例介绍了园林的特点，重点不够突出。短短 3 分钟时间，想把园林的总体特点和各个园林特点都介绍清楚，比较难完成。建议有所取舍，做到重点突出。

（二）自选景点导游讲解

这篇导游词属于概况加景点式的导游词，即开篇先讲述某一景点大体概况之后引入要重点讲解的内容。作为自选环节的导游词，将团型设定为某一团型、某一类人群的做法在近几年的大赛中屡见不鲜，此篇导游词将团型设定为研学团也是基于讲解景点的内容比较适合研学旅行，可谓用心巧妙。

综观整篇导游词，选点新颖，立意巧妙，脉络清晰，架构严谨。开篇简述西安碑林博物馆的历史、价值、意义，进而引出昭陵六骏，并着重介绍六骏之一的飒露紫的故事——丘行恭为飒露紫拔箭。通过讲述文物背后的故事过渡到追索流失文物进而升华出整篇导游词的主题。其中词中："一件件流失海外的文物踏上归途，见证的是中华民族从屈辱颠沛，到富强兴盛的历史脚步，也向世人昭示了'民族弱则文物失，国运强则文化兴'的深刻道理。"这句话使人印象深刻，堪称全篇文眼之所在。

此篇导游词还有以小见大、过渡自然、格局宏大等特点，没有为了立意深远而刻意为之的感觉，让受众听起来比较舒服，是一篇优秀的参赛导游词。

不过，导游词在优点极为突出的同时，缺点也同样存在。主要体现为：第一、团型在设定为研学团的同时，并没有充分展现研学旅行的特点讲解，与团型融入不够，比如研学主题、研学课程等元素不够。第二、开篇"皮儿"略厚，碑林博物馆的介绍不应占据篇幅过多，应当简单介绍或一笔带过入题再快一些，尽快讲述昭陵六骏，毕竟讲解时间只有 4 分钟，不宜让其他内容分散受众的注意力。第三、在这篇词中主题升华部分所占比例过重，这就导致昭陵六骏讲解内容较偏，容易给人留下核心讲解内容不足、意犹未尽的感觉。

参赛选手：黄旖旎

宏村导游词

获奖名次：二等奖

代 表 队：陕西代表队

参赛院校：陕西职业技术学院

选手姓名：黄旖旎

指导老师：史伟婷

导游素养及业务能力

英语口语

才艺运用

"承志树人蕴古镇,卧虎藏龙彰宏村,青山绿水引诗赋,墨瓦白墙牵画魂。"各位游客,大家好,欢迎来到世界文化遗产地——古村落宏村,我是您宏村之旅的导游某某。

宏村村落始建于南宋绍兴年间,至今有900余年历史。宏村依山傍水,常常云蒸霞蔚,恰似山水长卷,故被誉为"中国画里的乡村。"

接下来,就请大家随我一起去参观吧。宏村数百幢古民居鳞次栉比,其中被誉为"民间故宫"的承志堂是本地保护最完美的古民居。它是清代盐商汪定贵所建,为砖木结构楼房。全宅有9个天井、大小房间60余间、木柱136根,木柱和额枋间均有雕刻,其造型富丽,工艺精湛,堪称徽派"三雕"艺术中的木雕精品,高超的建筑技艺和不朽的艺术价值,充分显示出我国古代劳动人民的勤劳与智慧。大家请看,在前厅中门斗拱上方的立柱上刻有渔、樵、耕、读四图,这渔夫、樵夫、农夫和书生的四种生活方式,是否彰显了徽州先祖们对安居乐业的向往呢?

宏村原为汪姓聚居之地,当时为了防火、灌田,古宏村人规划并建造

安徽宏村

了堪称"中华一绝"的牛形村落和人工水系。整个村落采用仿生学的牛形布局，以水贯穿全村，以雷岗当为牛首，参天古木为牛角，错落有致的民居宛如庞大的牛躯，而汇聚全村中的天然泉水则形成了一方斗月形的池塘，这就是牛胃。历经数年，一幅牛的图腾跃然而出。如此巧妙的村落水系设计不仅为村民解决了消防用水，而且调节了气温，为居民生产生活用水提供了方便，创造了一种"浣汲未妨溪路远，家家门巷有清泉"的良好环境。

大家知道宏村最热闹的地方是在哪儿吗？对，没错，就是我们现在来到的牛胃所在地月沼，它又称月塘。月塘四周青石铺就，粉墙黛瓦林立其间，蓝天白云跌落水中，您看，老人在乘凉，妇人在聊天，孩子在嬉闹，这副景象不就是一幅绝美的皖南民俗画吗？

朋友们，让我们一起放慢呼吸，凝视这恬静的水面，听着宏村的乡音，是不是淡化了浮躁，感受到了轻松和舒畅呢？宏村处处是景，步步入画，这正如习总书记所说的"看得见山，望得见水，记得住乡愁"。朋友们，欢迎您再来探寻宏村美景。我在宏村等着您！

点评专家——魏凯：

（一）现场导游词创作及讲解

导游在讲解红色历史和红色文化的时候，首先要了解历史，感悟历史，要将历史情节转化成大众能够接受的语言，通过富有感情的讲述，将故事的内涵和文化精髓传递给听众，从而产生情感上的触动。选手在此环节的整体表现不错，从容稳健，表达流畅，体现了选手对红旗渠精神的真切情感。

建议选手：一是系统梳理红旗渠精神。虽然选手讲到红旗渠精神的内

安徽宏村

涵是"自力更生、艰苦创业、团结协作、无私奉献",但是缺少对红旗渠的历史渊源、工程意义以及红旗渠精神时代价值的梳理。虽然讲到红旗渠是一项灌溉工程,但是这个位于悬崖峭壁上举世闻名的"人工天河"为什么建、为谁建、谁来建、怎么建、建好后的作用和当代价值等关键问题没有得到有效讲解。二是提升团型匹配度。团型匹配不能仅停留在讲解开始与结尾呼应的状态,更应体现在讲解内容和表达技巧等。例如可以突出:勤劳勇敢的30万林州人民仅仅靠着一锤、一铲、两只手,削平了1250座山头,开凿了211个隧洞,挖砌土石达2225万立方米……苦战10个春秋,最终在太行山悬崖峭壁上修成了这全长1500公里的红旗渠。今天的红旗渠,已不是单纯的一项水利工程,它已成为民族精神的一个象征。可以通过一连串数字和细节描述去感染同学,鼓舞同学们发扬自力更生、创新求实的精神,用知识和智慧建设祖国。

（二）自选景点导游讲解

这是一篇比较好的导游词。一是选题较好，立意不错。世界文化遗产宏村被联合国专家评价为"古老文明的见证、传统建筑的典型作品、人与自然结合的光辉典范"。可以说，宏村的选题很有优势。"中国画里的乡村"更是为选手提供了收放自如的创作空间。二是代入感较好，文化内涵比较丰富。采用诗句、设问、反问等手法，易于将游客代入情境当中；通过对史脉、地脉和文脉的挖掘，较为清晰地介绍了宏村的历史、宏村的牛形村落结构和徽州民居建筑特色，体现了天人合一的中国智慧和精益求精的工匠精神。最后描绘了月沼的生活场景，凸显了"青山绿水引诗赋，墨瓦白墙牵画魂"的诗画意境，文化内涵比较丰富。三是语言比较生动，简洁明了。在短短4分钟内重点介绍了被誉为"民间故宫"的承志堂、采用仿生学规划建造的牛形村落和人工水系、宏村最热闹的地方——月沼，基本满足了导游词创作重点突出的要求。

存在的不足主要有：一是主线突出不强，整体串联不够。一篇优秀的大赛型导游词应该主题突出或者线路明晰。但本篇导游词主题思想凸显不够，没有一条主线将"承志堂""村落水系""月沼"串联起来，感觉文化内涵深厚的宏村讲得不深不透。二是内涵挖掘不够，感染力不够强。本篇导游词在推进过程中，很多重要的地方都只做了常规性的介绍，感染力度不够。例如在讲宏村历史时，若能加入一点世界遗产对它的评价就会更给力。又如在承志堂的讲解中，虽提及徽派"三雕"艺术中的木雕，但未对精湛的雕刻工艺展开生动鲜活的讲解，也没有阐述其背后所体现的文化内涵，缺少对游客游兴的有效激发。

匠心铸就梦想 技能成就人生

开赛式现场

参赛选手：邓佳豪

泰山秦刻石

获奖名次：二等奖

代 表 队：江苏代表队

参赛院校：南京旅游职业学院

选手姓名：邓佳豪

指导老师：倪月犁

导游素养及业务能力

英语口语

才艺运用

各位朋友，中华名山众多，但泰山以"中央之美者"，被誉为"五岳独尊"，历代帝王将相、文人名士来此登攀览胜，将所见所思化作2200多处石刻，让我们在登泰山欣赏美景的同时，还可以品味气象万千的书法艺术与背后的中国故事。

一路向前，我们现在来到了岱庙的东御座院，进门往左，在大殿露台前，立着一块通体黝黑，看似不太起眼的石碑。您可千万别小瞧它，它可是泰山刻石之祖、国家一级文物《秦泰山刻石》，距今已有两千多年的历史。那这块碑是谁立下的呢？没错，就是大名鼎鼎的秦始皇。秦始皇一统天下后，为了"示强威，服海内"，在公元前219年，前往泰山举行了正史记载的第一次封禅大典。仪典结束后，秦始皇命丞相李斯在泰山之巅刻石记功，昭告自己建立了"初并天下，罔不宾服"的万世之功。如果说封禅奠定了泰山崇高的政治文化地位，那么我们眼前这块被称为"天下第一刻"的秦泰山刻石就是其开山之作。

各位朋友，我们来近距离看看这块碑，它原是长方体，当年高约1.6

山东泰山石刻

米，现存下来的两段残碑，合起来1.3米左右。原来四面均有刻辞，内容包含144个字的始皇法令和78个字的二世诏书。经过两千多年的风雨沧桑，现在仅残存十个字。大家可以试着辨认一下，这七个相对比较完整的字是"臣去疾 臣请 矣臣"。剩下三个字有些残缺，经考证，分别是"斯昧死"。相信有朋友已经看出来了，没错，这种书体叫小篆，是我国最早的统一文字。当年秦始皇下令"书同文"，奠定了此后汉字结构的某种规范，更使国家政令得以通达四方。最重要的是，有了统一的文字，我们思想文化的传播便有了统一的工具，中华文化有了一脉相承的生命线与文化认同的向心力。

游客朋友们，曾经屹立在泰山之巅的秦泰山刻石，虽然如今只剩下这十个字，但每个字都重如泰山，它是中国统一文字的源头，是维护国家统一的无形力量，更是中华文化源远流长的见证者，正所谓"零星两片石，卓越二千年"。让我们举起文化传承的接力棒，让中华优秀传统文化在新时代薪火相传，绵延不绝。

点评专家——刘晓杰：

（一）现场导游词创作及讲解

该名选手抽取的元素为皖南古村落，团型为记者团。团型与元素融合较为自然，首尾、段中皆有呼应。本段导游词的讲解从皖南古村落的整体概况入手，讲到了皖南古村落的整体建筑风格和特点、著名的代表村落，并延伸至皖南古村落对于人与自然的和谐、对教育的重视等人文特色，在导游词创作中还融入了诗词名句，可见选手具有较为深厚的文化底蕴，导游词创作能力也较强。在团型融入中既然明确给出《中国文化》栏目组记者团，就要围绕一点深入挖掘，因此在以后的创作中还应注重"聚而不

安徽皖南宏村徽派建筑

散",围绕皖南古村落的一点讲深、讲精、讲细,如介绍皖南古村落的徽州"三雕"或是徽派建筑中独特的构件"天井",选择其中一点进行讲解,以小见大再到情感升华。针对于记者考察团就会更加具有契合度。在讲解结尾明显较为仓促,在时间掌控上还需加强,但也充分展现出了选手的灵活应变能力较强。

从整体来看,该选手讲解声音清脆悦耳、体态优雅自然、导游服务姿势标准自然,虽略有紧张,但也有情感的融入,给听众很好的代入感。

(二)自选景点导游讲解

本篇导游词重点讲解泰山著名的"秦泰山刻石",结构脉络符合导游词创作规律,以传统的介绍手法以小见大。从本篇导游词的创作技巧来看有以下几处值得学习。一是立意新颖,突破原有的泰山自然景观,从"秦泰山刻石"入手让大家体会到了泰山的文化魅力。二是以古鉴今,从秦始皇一统中国,登临泰山举行盛大的封禅大典,到统一文字、统一度量衡等为今日华夏之文明奠定了坚实基础,再到情感的升华,符合参赛导游词的惯用写作手法。三是知识性强,在导游讲解中充分结合了诸如中国古代刻石文化、中国古代秦文化、中国汉字文化等知识,使游客在游览的过程中更深层次地了解泰山人文文化的内涵所在。

  作为参赛导游词应该立求做到"新""精""透","新"是立意要新,要突破常规角度,从全新的角度来创作。该导游词从泰山的人文景观泰山刻石角度入手,立意颇有新意;"精"是讲解内容要精练,有吸引力、够精彩,使游客能够眼前一亮,但该篇导游词创作各部分笔墨较为均匀、内容不够精练,重点不够突出、亮点略显不足,用语略显书面化;"透"是讲解内容要让游客说明情况、解决疑问,如"斯臣去疾昧死臣请矣臣"只是简单说到了这十个字,并没有为游客解释清楚,这句话的具体意思为"臣李斯(丞相李斯),臣去疾(右丞相冯去疾),御史大夫(名德),冒死向皇帝进言",导游不仅要满足游客求新、求美、求乐的旅游目的,还要在游览消遣之余,帮助游客增长知识。

  该篇导游词以统一文字小篆对中国历史文化影响深远,提倡旅游者传承中国传统文化为收尾,具有以古鉴今的时代价值,符合全国职业院校技能大赛导游服务赛项导游词的选点要求。

匠心铸就梦想 技能成就人生

参赛选手备赛

参赛选手：李洁

一支画笔绘出的民族团结的故事

获奖名次：二等奖

代 表 队：河北代表队

参赛院校：河北旅游职业学院

选手姓名：李洁

指导老师：田莹

导游素养及业务能力

英语口语

才艺运用

匠心铸就梦想 技能成就人生

河北承德小布达拉宫

"山庄咫尺间，直作万里观"。同学们，大家好，欢迎再一次走进避暑山庄。上一次的研学活动，我们充分感受了"融南化北于一处、移天缩地在君怀"的山庄造园艺术。今天我们将另辟蹊径，以避暑山庄内的传统书画为径，一起看书画，寻历史，挖掘隐藏在山庄背后的故事。

同学们，刚刚我们欣赏了清代冷枚所绘的《避暑山庄图》，感受了山庄缔造者的聪慧与睿智。现在我们一起去参加一场发生在山庄之内的盛会。说话间，我们来到了山庄正宫区的第二展厅，一幅大型画作《万树园赐宴图》呈现在我们眼前。

大家来仔细观察一下，画面内容非常丰富。最为醒目的就是画面中央这一座巨大的白色蒙古包了，包中设御座，前面摆放了4排餐桌。一群身着团花红袍，手拿乐器的的乐手已经做好准备站立在两侧。80多名身着朝服的文武百官毕恭毕敬地跪坐在蒙古包前。在官员的左侧，一群穿着少数民族服饰的人排列整齐，正在翘首以盼。而在围挡外的三座小连帐，杂役等人正在忙碌地准备宴食。动静之间，一场盛大的宴会即将开始。

如此隆重的盛会，皇帝去哪儿了呢？我们看画面的左下方，16名内官抬着肩舆，乾隆皇帝端坐其上，在扈从侍卫和文官武将的簇拥下，正在缓缓进入宴会场地，打破古代宫廷画中皇帝历来位于画面中央的传统。

整幅画作的背景山水采取中国传统工笔画特有的清新灵秀与润泽，渲染出远处山川的雄伟和壮丽。构图中又恰到好处地融入了西方透视法，将400余个人物刻画得个性鲜明，栩栩如生。

刚刚有同学问了，这么盛大的宴会请的是谁啊，那些穿着民族服装的人又是谁呢？乾隆十九年五月，蒙古杜尔伯特部三车凌与清军联合作战，平定了西北边境准噶尔部落长达70年之久的分裂活动，为民族团结、国家的统一做出巨大贡献，因此乾隆皇帝在避暑山庄万树园举行盛大宴会，宴请杜尔伯特部首领三车凌等人，并借郎世宁的画笔写实当时的盛况，成就了这幅国宝级巨作。

一支画笔绘历史，一件国宝传后世。各位同学，《万树园赐宴图》展现了中西绘画技法完美交融的艺术价值，讲述了避暑山庄内上演的民族融合的历史话剧，见证了我国多民族团结统一的历史进程，展示了民族交流交往交融的重要历史价值。我们要知往鉴来，继续谱写筑牢中华民族共同体意识的新篇章！

点评专家——毛润泽：

（一）现场导游词创作及讲解

该选手抽到的旅游文化元素是红旗渠精神，团型是政务考察团。内容创作和讲解整体表现中等偏上。红旗渠精神的内涵是"自力更生、艰苦创业、团结协作、无私奉献"，是在修建红旗渠的过程中形成的。选手在30分钟的时间内，概述了红旗渠建造的原因、历史数据和其中动人的故事，

河南安阳红旗渠所在太行山大峡谷

准确说出了红旗渠的十六字精神,实属不易。内容创作选材合理,尊重史实和现实。

选手讲解环节稍逊一筹。虽然讲解一气呵成,没有停顿和卡顿,顺利在规定时间内完成,但选手在讲解过程中,部分手势多余,形式单调,运用不够恰当,语速和语调比较平淡,没有结合内容展示抑扬顿挫,讲解不够生动有趣,缺乏感染力和渗透力。此外,导游词讲解中团型结合不够紧密。

(二)自选景点导游讲解

这篇导游词选取了避暑山庄内的《万树园赐宴图》作为研学主题,内容涉及历史、文化、艺术和民族团结的多个方面。导游词语言流畅,语气热情,引导同学们仔细观察画面细节,解读画中人物和故事,激发同学们的兴趣和好奇心。作品还运用了一些修辞手法,如对比、拟人等,增加了

一支画笔绘出的民族团结的故事

语言的生动性和感染力。结尾也很有亮点，将《万树园赐宴图》的历史价值和现实意义相结合，提出了筑牢中华民族共同体意识的主题，体现了一定的高度和境界。

本篇导游词虽然内容丰富，但是结构上有些松散，没有明确的导入、主体和总结。没有充分利用现场的环境和资源，与同学们进行互动和交流，调动同学们的参与感和思考能力。

如果在开头用一些引人入胜的话语，将会更好地吸引同学们的注意力，比如，"同学们，你们知道吗，避暑山庄里有一幅画，它不仅是一件国宝级的艺术品，还是一部民族团结的历史教科书，它就是《万树园赐宴图》。"此外，导游词里还可以在主体部分设置一些问题，让同学们主动参与，类似这样的句子："同学们，你们能看出画中的皇帝是谁吗？他为什么要在这里举行宴会呢？他请的是哪些人呢？"在结尾部分，如果用一些总结性的话语来回顾和强调作品的主旨，可能更好，例如，"同学们，通过《万树园赐宴图》，我们不仅欣赏了一幅精美的画作，还了解了一段动人的故事，感受了一种深刻的情感。这幅画告诉我们，民族团结是国家的根本，是中华民族的命脉，是我们的共同责任和使命"。

赛场准备

参赛选手：张耀文

石台孝经

获奖名次：二等奖

代 表 队：福建代表队

参赛院校：福建信息职业技术学院

选手姓名：张耀文

指导老师：陈欣凡

导游素养及业务能力

英语口语

才艺运用

丰碑如林，青石不朽。各位曲阜国学院的同学，大家好！6号讲解员代表西安碑林博物馆欢迎大家的到来。

提到西安碑林，您会想到什么？是穿越千年的帝王之音《景云钟》？是颜真卿颜体最高成就《颜氏家庙碑》？还是中国古代最伟大的教科书《开成石经》？的确，创建于公元1087年的西安碑林，历经900多年的风风雨雨，现如今，这里收藏的历代名碑石刻多达4000件。但其中啊，只有一方碑被放在中轴线上，成为碑林时间上的起点和空间上的原点。究竟是什么碑如此特别呢？接下来就让我们去一探究竟吧。

各位同学，我们眼前的就是碑林的标志性建筑——碑亭，匾额上的"碑林"二字是民族英雄林则徐所书。亭下矗立的正是我们要寻找的"迎宾第一碑"——《石台孝经》。它刻于唐天宝四年，碑身是长方柱体，由四块高5.9米、宽1.2米的黑色细石榫卯套接而成。碑首的瑞兽和卷云蟠螭浮雕，碑底三层石台的蔓草石狮线刻，无不彰显出盛唐雕刻艺术的精妙。碑身是唐玄宗李隆基亲自以隶书、行书抄写批注的儒家经典《孝经》，正面碑额是

陕西西安碑林博物馆碑亭

太子李亨，也就是后来的唐肃宗篆书题写，因此啊，《石台孝经》集两代天子墨宝于一身，庄严恢宏，大气磅礴！

那么，为什么唐玄宗要亲自为《孝经》写注立碑呢？

请往这儿看！"孝者德之本，教之所由生也，故亲自训注，垂范将来。"这是唐玄宗的御笔批注，意思是说孝是一切道德的根本，教化、教育都是从这里产生的，所以立《石台孝经》为的是垂范将来，以孝治天下。同学们，《诗经》说，"哀哀父母，生我劬劳"；唐诗讲，"慈母手中线，游子身上衣"。孝是我们出自本能的一种情感，我们为人子女感受到父母发自内心的慈爱，便自然而然地对父母产生孺慕、恭敬之心，形成"你养我小，我养你老"的反哺式亲子关系。而儒家讲究推己及人，由近及远。如果我们每个人能从孝敬自己的父母出发，自然会发展到尊敬别人的父母，乃至尊敬天下的老人。从而形成"老吾老以及人之老，幼吾幼以及人之幼"的和谐社会。这样一来，孝就不单单是传统家庭伦理的基础了，它也是整个社会伦理的基础。

时至今日，传统孝道的内涵已然发生了变化，但以尊老敬老为核心，以稳定家庭和社会为目标的孝道，经过千百年的提倡和传播，早已融入我们每个中华儿女的文化基因。同学们，国之本在家，家之本在孝。让我们一起传承孝道，身体力行，共创和谐美好。

点评专家——万雯：

（一）现场导游词创作及讲解

该选手抽取的文化元素是中国画，团型是亲子旅游团。选手紧扣团型特点，从上海电影博物馆美术馆的《与美同行》亲子活动中看到的我国第一部传统水墨动画片《小蝌蚪找妈妈》十分自然的引出本次要讲解的文化元素——中国画。

选手从中国画的工具说起，详尽讲解了中国画的分类，中国画的代表作以及中国画与西方绘画的不同，突出了中国画以形写神的特点。并以水墨动画片《小蝌蚪找妈妈》为例，生动诠释了何谓中国画的"以形写神"。整个讲解首尾呼应，谋篇布局严谨，讲解十分具体、形象、生动。在讲解中，选手紧扣亲子团的特点，大量使用了比喻、排比、拟人等修辞手法，增强了讲解的形象性与艺术感染力。

整篇导游词创作逻辑性强，主题鲜明，内容丰富，重点突出，条理清晰，可看出选手平日里十分重视对中国传统文化知识的积累。

（二）自选景点导游讲解

该导游词主题鲜明、语言生动、表述清楚，让人仿佛置身于西安碑林之中。

开篇通过提问引起游客对西安碑林的浓厚兴趣，随即点出"迎宾第一碑"——《石台孝经》的独特之处，激发起游客强烈的求知欲。

在具体景点讲解过程中，导游首先充分说明了《石台孝经》的地位、来历和石碑上的主要内容，然后详尽讲解了唐玄宗为何为《孝经》写注立碑并由此自然而然引出了中华民族的传统美德——孝，引经据典对中国孝文化进行介绍，最后结合现实生活诠释新时代孝文化的意义，对游客进行了正确的社会主义核心价值观的引导。

整篇导游词针对研学旅行团队设计，突出景点的孝文化特色，主题鲜明、深刻、集中，谋篇严谨，布局合理，内容丰富、突出重点，并具有鲜明的时代精神，同时将风俗人情及文人诗句引入文中，多层次、多侧面地解说，感染力强，不失为一篇优秀的导游词。

参赛选手：张园园

宏 村

获奖名次：二等奖

代 表 队：安徽代表队

参赛院校：安徽工商职业学院

选手姓名：张园园

指导老师：刘宗贤

导游素养及业务能力

英语口语

才艺运用

匠心铸就梦想 技能成就人生

安徽宏村

　　大家好，欢迎您来到徽州古村落的代表——宏村。宏村始建于南宋，距今已有800余年的历史了。您看它，背山面水，景色极为秀丽，被誉为"中国画里的乡村"。

　　顺着脚下这九曲十弯的水渠，咱们就来到了被誉为"民间故宫"的承志堂了。承志堂是徽商汪定贵的家宅，这个宅子共耗费白银60万两，它有9个天井，60多间房屋。砖、木、石三雕更是精美绝伦，20多个工匠整整花了4年才完成，它完美地体现了徽派民居"有堂皆设井，无宅不雕花"的建筑理念。

　　这"有堂皆设井"啊，说的是徽派民居的一个重要元素——天井，您看，这房与房所围成的露天空间，就是天井了。俗话说："家有天井一方，子子孙孙兴旺。"在我们古徽州地区，孩子成家之后一般是不会分家的，几辈人住在一起，房子是靠着老宅不断向外扩展的。这天井啊，一方面解决了通风采光问题，另一方面也成了家族的共享空间。茶余饭后，一大家子聚在这里，家长里短啊，遛遛孩子啊，可以说是其乐融融！欸，现在请您也站在天井中间，感受一下吧，头顶是日月星辰，脚下是富有生气的大地。天井，巧妙地将天、地、人三者统一起来，让人足不出户，却又置身于大自然之中，是不是妙不可言呢？

咱们再来说说这"无宅不雕花"。明清时期，在建造住宅方面，等级森严，老百姓的标准只能是三间五架，徽商呢，虽有家财万贯，但也是百姓啊，所以也不能例外。那怎么才能体现出他们的与众不同呢？欸，他们就很聪明地从室内装潢着手，追求精巧华丽。就这样，一件件精美绝伦的三雕作品就诞生啦。更妙的是，徽商用雕刻的形式将"修身治家平天下"的理念永久地留在和他们朝夕相处的老屋内。您看，这幅木雕"九世同堂图"，又叫"百忍图"，说的是唐代山东人张公艺家中儿孙满堂，九世同居。据说唐高宗路过他家，询问他九世一堂的和睦之道，张公艺连写了百个"忍"字呈上，高宗立马就明白了，赞叹不已，于是就赐锦帛，授金匾，立其为孝悌忠信的治家楷模。

财富在这里似乎只是昙花一现，但孝悌忠信的家规家训却永远地融入了徽州人的血脉精魂里。参观完宏村，不知您是否有这样的体会呢？

点评专家——刘庆：

（一）现场导游词创作及讲解

选手抽到的主题是上海石库门，团型是亲子旅游团。选手在讲解过程中介绍了上海石库门的历史背景和独特建筑形式，并将之与江南四合院进行对比，重点介绍了"石库门"名字的由来，提到中共一大会址是石库门代表之一，内容比较完整，表达比较流畅。不足之处在于讲解内容没有与大朋友、小朋友已有的知识或兴趣点相结合，讲解的生动性和趣味性有待提高。

（二）自选景点导游讲解

选手讲解的是徽州古村落的代表——宏村。首先介绍了宏村概况，通过一组数据介绍了被誉为"民间故宫"的承志堂。接着重点讲解了徽派民居"有堂皆设井，无宅不雕花"的建筑特色，反映了徽州聚族而居的风俗，体现了中国古代"天人合一"的生命观，我们眼前仿佛看到了烟火万家其乐融融的场面。木雕"九世同堂图"和张公艺百个"忍"字的故事道出了治家有方的秘诀，引出了徽州人孝悌忠信的家规。导游词整体脉络分明，将民俗风情和文人诗句引入词中，语言流畅。讲解中提到了三雕作品，但是未能进一步介绍什么是徽州三雕，结尾没有由景至情的升华，略显仓促。

安徽宏村

参赛选手：李梦伟

延安颂

获奖名次：二等奖
代 表 队：河北代表队
参赛院校：河北建材职业技术学院
选手姓名：李梦伟
指导老师：张峰

导游素养及业务能力

英语口语

才艺运用

红军长征落脚地，全国胜利出发点。中央驻延十三年，风展红旗宝塔山。土窑洞里有马列，黄土高原出英贤。筚路蓝缕何所惧，自力更生度艰难。

哎！来自北京崇文小学的同学们，刚才的这段儿快板叫《延安颂》，它描写的就是革命圣地——延安，也就是现在同学们所站立的这片红色热土上。现在，正式欢迎大家参加"访延安，传星火"主题研学活动。下面，我们即将要参观的是——杨家岭革命旧址。

1938年11月至1947年3月，毛泽东等老一辈无产阶级革命家呀，就是在这儿领导边区军民，开展了大生产运动，召开了党的七大，作出了一系列事关我们中华民族前途命运的重大决策。

现在我们看到的就是毛主席的旧居了。延安时期，由于敌人的军事包围和经济封锁，导致我党我军处于极度困难之中，生活条件非常艰苦。于是毛主席就发出"自己动手、丰衣足食"的号召，一场轰轰烈烈的大生产运动就此展开了。

陕西省延安市宝塔山

同学们，请朝我手指的方向看，这块菜地就是毛主席的小菜园儿。当年就是在这块小小的菜地里，种出了土豆儿、辣椒等蔬菜，除了大伙儿吃，主席还用他们款待了远道而来的客人，那他是谁呢？毛主席又在哪儿招待了他呢？

大家看，这套石桌椅就是1940年，主席款待南洋华侨领袖陈嘉庚先生的地方。当年，菜园子里种的土豆儿、白菜一一地搬上了饭桌。但唯一称得上美味佳肴的，是一碗特殊的鸡汤。

面对宾客们，毛主席用洪亮的湖南口音说："我可莫得钱给大家买鸡汤来吃呀，这是隔壁的老阿婆，晓得我今天要请客，特意送过来滴。"这意思是说，鸡汤很珍贵，主席可买不起呀，这是邻居老大娘特意给送过来的。

看到此情此景，陈嘉庚十分动容！这与当时重庆极尽奢华的招待形成了鲜明的对比，从重庆到延安，从失望到希望，他看到，饭碗里，盛着一个政党的本色，装着一个政党的民心。所以从延安归来后，他便多次发表演讲说："中国的希望在延安！"

岁月更替，精神不老。2022年10月27日，习近平总书记在瞻仰延安革命纪念地时指出：将来，无论我们的物质生活多么丰富，自力更生、艰苦奋斗的精神一定不能丢。

是呀，当今世界正面临百年未有之大变局，科技需要自力更生，才能不被人卡脖子，粮食需要自力更生，饭碗儿才能始终牢牢地端在自己手中。

同学们，下面就让我们把对"延安精神"的感悟写到研学手册的第10页吧。让我们继承和发扬伟大的延安精神，在实现中国式现代化的道路上行而不辍，贡献力量！

点评专家——刘庆：

（一）现场导游词创作及讲解

选手抽到的主题是湖北曾侯乙编钟，团型是政务考察团。选手在讲解过程中介绍了曾侯乙编钟的历史、特征、声学设计和参与的重要展览，提到湖北博物馆的数字化展示项目和云游览产业的发展，内容比较完整，详略得当，但是内容较少涉及政务考察团的特点，与团型密切度欠缺。

（二）自选景点导游讲解

选手设置的情境是带领北京崇文小学的同学开展研学活动，游览杨家岭革命旧址，一开始就来了一段快板《延安颂》，活跃气氛。接下来，选手采用分段介绍法讲解了杨家岭革命旧址概况、毛主席的旧居和毛主席的小菜园。通过毛主席款待南洋华侨领袖陈嘉庚先生的故事，进而提到习近平总书记在瞻仰延安革命纪念地时指出要大力弘扬自力更生、艰苦奋斗的精神。同学们学习和了解了党的历史，感受了老一辈革命家在艰苦岁月里的乐观精神，接受了延安精神的洗礼。导游词整体简洁生动，条理清晰，感染力强。讲解的对象是小学生，可以考虑在讲解过程中保持互动和引导，提醒注意事项。

下 篇

2023 年全国职业院校技能大赛高职组导游服务裁判组点评

开赛式现场

裁判长：翟向坤

裁判长赛项点评

尊敬的各位领导，各位领队、老师，亲爱的同学们：

大家上午好，我是翟向坤。

2023年全国职业院校技能大赛高职组导游服务赛项即将落下帷幕。国赛高职组导游服务赛项始创于2013年，今年已经是第9届比赛，也是三年风雨后的首次风云聚会，显示了我国旅游业已经进入全面复苏的新阶段，一切来之不易啊，我们更须倍加珍惜。在这两天时间里，来自全国30个省份的61名选手齐聚魔都，在上海旅专优美舒心的比赛环境与热情贴心的接待服务中分成3个赛场进行了同台竞技、交流、沟通和学习。48位美女13位帅哥，颜值超高，令各位评委赏心悦目，流连忘返，意犹未尽，乐不思蜀，充分展示了旅游专业学子的风采和水平，反映了我国旅游高等职业教育专业人才培养的成果和水平。对于选手来说，每个环节看似短暂的几分钟展示，都凝聚了选手和指导老师长时间训练及心血的积累。请大家记住：所有能来到上海这个国赛舞台的都是成功者。所以，为你们无数个日日夜夜的艰辛付出与努力，给自己点儿掌声吧。

如果仅从比赛的角度总结探讨，时间关系，个人有"两点感想、五点建议"。

一、两点感想

（一）新

很多人都知道，今年是我的第二次裁判长之旅，其实还是我的第六次导游国赛历程。今年让我感受到的新首先是规则新，主要集中于实行8年的闭卷笔试变成了导游知识现场问答，说实话今年规则创新幅度还是不小的，感谢所有人的辛勤付出与大力配合。其次，内容新颖，其实这个也与规则变化部分相关，今年的自选从以前的国家5A级旅游景区或世界遗产地变为某一旅游目的地（选材可为城市、乡村、景区、景点等），稍微减轻了一点儿中文组裁判的压力，至少可以不用提前去审核自选景点是否在范围之内了。且在比赛中出现了与行业新业态相对接的导游服务方式，启发了我们对未来比赛内容和形式调整路径的思考。

（二）卷

我的家真的不在东北，而是在北京市海淀区，一个盛产鸡娃的地方，我以为早已对卷免疫了，但是今年的大赛又一次刷新了我对卷的认知。今年的大赛优秀选手尤其多，且新人辈出。选手整体素质相对历届比赛呈上升趋势，讲解与实践结合得更加紧密，充分说明"以赛促训、以赛促教、以赛促学"成效显著，充分发挥了教育部国赛对旅游高等职业教育教学的引领示范作用。

二、未来可期的五点建议

（一）规范性

首先是对大赛规则的研读。这属于老生常谈，年年讲年年有。再次请各位一定精准领会大赛指示，正确解读大赛方案。特别是关于三个模块、四个环节、五个部分的评分标准，做到每条必看，每字必读。不要"想当然"，更不要"我以为"。

其次是与行业的对标对表。比赛规程设定的原则是对标行业岗位标准，通过比赛促进学校教育教学水平的提升，从而提高学生的专业核心技能，培养更适应职业岗位需求的高素质导游，让我们国赛的一等奖选手至少能成为一名合格的导游。

（二）层次性

大家都知道，相声是一门语言艺术，讲究说学逗唱。其实语言本身就是一门艺术，也是一门最难的艺术，因为我们每个人都会说话。国赛在考选手，更是在考指导老师。很多的导游词都是指导老师呕心沥血编写出来的，却没有达到效果。为什么呢？美国作家 Larry Brooks 在《故事力学》中讲到好的语言有三个层次："第一个层次清，就是讲清楚故事，主题明确，内容清晰且精准（这个基本都能做到，但也仅仅是合格而已）。第二个层次是深，就是传达潜台词，让读者有思考的乐趣，有亮点、有泪点。一名优秀的导游在讲述自己家乡故事的时候，一定是充满感情而又温婉含蓄的。一篇看起来很美的导游词一没有亮点，二不能感动自己，怎么可能感动观众和评委，这是不成功的。建议大家有机会去网上看看2019年文旅部第四届行业国赛第一名山西选手张晓旭最后的夺冠之作。第三个层次是精，就是要精选素材，展现个人的特色与角色感，接地气。"讲解风格要贴近行业实践，切忌开场美声，结尾演讲。这不是真正的实际带团感觉，感受不到轻松、舒适和亲切，也一定不会在获奖的第一团队出现。

（三）文化性

党的十八大以来，习近平总书记在多个场合谈到中国传统文化，表达了自己对传统文化、传统思想价值体系的认同与尊崇。2015年5月4日，他与北京大学学子座谈，也多次提到核心价值观和文化自信。文化自信是一个民族、一个国家以及一个政党对自身文化价值的充分肯定和积极践行，并对其文化的生命力持有的坚定信心。党的二十大报告明确指出，坚持以文塑旅、以旅彰文，推进文化和旅游深度融合发展。旅游是根植于文化的产业形态和生活形态，本质就是文化。在座及线上的各位青年学子，未来的导游从业者更应该成为弘扬优秀文化、坚定文化自信的主体与践行者。

国赛是一个风向标,在重视讲解技巧的同时,更应该挖掘导游词的深度和文化内涵,避免表演痕迹过浓。

(四)创新性

去年与今年的国赛,都有选手设定的带团情境是网络直播的线上导游服务形式,虽然在形式及内容上设计还不够成熟,但我们已经可以看到,旅游产业数字化转型对导游人才培养已产生了深刻而广泛的影响。现在的信息技术发展日新月异,今年上半年连续出现了 ChatGPT 和 GPT-4。所以,作为 Z 时代的同学们应该通过接触行业的新变化,学习新技术运用,主动迎合市场的变化,在讲解训练中体现导游职业特色,努力成为一名能讲、会讲、懂讲的新时代中国故事讲述者。

(五)传播性

前面说过国赛高职组导游服务赛项今年已经是第 9 届,已经成为高职院校教学、研究及省市校三级赛事的风向标。但是由于各种原因目前每个学校还只有一名选手,每个省份两名选手,相对于全国旅游高等职业院校 762 所,还不足 1/10,体量还是偏少的。一花独放不是春,百花齐放春满园。为了更好地推动我国旅游高等职业教育专业人才培养的整体成果和水平,今天在座的都是各省市高职层面旅游学届的头部院校,请各位领导老师回去后配合大赛的传播与成果转化,帮助省内外更多的高职兄弟院校迎头赶上,共同进步。线上的各位领导老师也要主动出击,真正实现"共同富裕"。

我知道,老师选手们都非常珍惜这一年一次的交流机会。各位老师,各位同学,每个人心中都有两个远方,一个是儿时的故乡,一个是未知的方向。2023 年的这个秋天,请谨记:希望在远方,机会在路上,跌跌又撞撞，不要慌张，只要心中有追求，就一定能实现理想。上海旅专第9届国赛里有你们不曾改变的初心，热情纯朴的真心，恋恋不忘的倾心，请收获美好，并珍藏于心。

最后，我想说的是，本人的第二次"国赛"裁判长之旅再次要结束了，唯有不能免俗的感谢。感谢教育部大赛办与大赛执委会的信任，感谢承办院校上海旅专，感谢支持企业热心的参与（如湖南省中青旅、鼎盛诺蓝、云驴通），感谢所有的参赛老师与选手，感谢专家组、监督仲裁组同人的大力支持与配合，感谢来自19个省市自治区的其他30位裁判兄弟姐妹们的努力付出。你们的"给力"让一切工作都变得顺畅与顺利，让我有了从未有过的体验，有你们真好。

不妥之处敬请批评、指正，再次感谢。

现场导游词创作及讲解裁判组点评人：杨磊

导游素养及业务能力组裁判点评

亲爱的各位同学，各位老师，各位领导：

大家好。

感谢大赛组委会和主办方，以及上海旅专的精心安排，你们让大家感受到了"海纳百川，追求卓越，开明睿智，大气谦和"的魔都上海。

受大赛组委会的委托，我代表导游素养及业务能力测试的所有评委，就此环节，进行点评。不足之处，还请指正。

第一，青春的大学生，感谢你，用新途径，让我们遇见导游的光芒。

H组4号，当一曲悠扬的口琴声缓缓从心底里流出来的时候，你把我们带到了四行仓库，你让我们永远铭记这些民族英雄。是你，用导游的语言告诉我们，这里不仅是五光十色的上海，它更是饱经沧桑的上海，不忘初心的上海。

E组4号，你用少数民族婉转悠扬的海菜腔，带我们到"三生三世的青丘，今生今世的人间"——普者黑，给我们讲述全国最美乡村的华丽蝶变。

E组5号，用摄影的手法，从远景、近景、特写，确实秒杀了我们很多的内存。

还有很多选手，敢创新，巧融合，没有落入俗套，而是抓住了游客感兴趣的内容，不断寻找突破口，让游客想听、愿听、爱听。

第二，青春的大学生，感谢你，用新业态，让我们瞭望文旅的澎湃。

C组4号，通过主题研学活动，让中小学生访延安，传星火。

E组8号，通过AI影像技术，讲述贵州古桥的前世今生。

H组8号，坐着飞机看世遗，让我们感知"问道青城山，拜水都江堰"的名不虚传。我特别想对你说句话，人生总会有失败，但一定要笑着面对，你的微笑，能治愈全世界。

无论是城市微旅行，还是乡村振兴游，你们的导游词中，充盈着新产业、新业态，彰显着文旅融合，联结着"诗"和"远方"，你们讲述着新时代文旅的蓬勃发展，当然，你们更有包秉天下的气魄。

第三，青春的大学生，感谢你，用真情意，让我们感知人间温暖。

B 组 6 号，让我们再次回归山海情，让我们致敬教授林占熺，你的一句，吃过苦的人，才懂得生活的甜，让我感动。

D 组 4 号，你讲述的武汉东湖之父——周苍柏，让我感动。

D 组 7 号，你讲述的红旗渠飞虎神鹰——任羊成，让我感动。

同学们，导游词的创作，要用真心，说真人，讲真事，表真情。要和导游工作实际相结合，要和咱老百姓的人间烟火相结合。这样的导游词才能有感染力、亲和力、渗透力。一篇篇"沾泥土""带露珠"的导游词，一句句"接地气""冒热气"的知心话，才能引起游客的共鸣。

第四，青春的大学生，感谢你，用新创意，让我们聆听时代脉搏。

A 组 6 号选手，当炎帝和袁隆平两代神农，在时空里相遇时，让我感动于他们在大地上书写的功勋。

B 组 2 号选手，当太阳神鸟飞入大运会时，你让我们感受了一场穿越三千年的古今对话。

D 组 5 号，当总书记的殷殷嘱托在巴蜀大地上回响时，我们看到了永丰村的全力以赴。

我还有一句话，想说给 F 组 7 号，你的亲和力十足，你让我们爱上了呼伦贝尔的雪花，我们想和你来一次约定，明年的全国冰雪运动会，我们想请你当导游，但你不要和你的学校和老师说，因为我们要避嫌，我们要请你吃饭，我们要给你最高的导服费，因为你，以及你们，值得拥有。

我想，这就是今年大赛改革的意义，从 AAAAA 级景区，改为某一旅游目的地，让你放开讲，无论是美食，还是美景，无论是人物，还是文物，只要你能聚焦老百姓关心的问题、社会关注的问题，注入时代的活水，一定能讲好五千年的故事，谱写新时代旋律。希望你们的肩上，有清风明月，有国家担当，有中国脊梁。

同学们，此次大赛的意义还在于，鼓励创新，鼓励尝试，鼓励突出职业院校特色，与时俱进，与行业接轨，让我们的旅游高职院校大赛更具实践性。

同时，现场导游词创作也可圈可点。A组6号，茶旅融合，层次分明；G组4号，剪纸采风，文采斐然；H组4号，说唱脸谱，吸引力强。

当然，有些选手在赛场中也留下一些遗憾，反映出一些问题。

一是主题上不够突出，二是服饰上不够注意，三是过渡语不够自然，四是亲和力不够明显，五是结尾处强硬拔高等。

建议在自选导游词创作方面，一是要巧妙地融入才艺；二是一条线走到底，突出主题，讲好一个故事、一个景观；三是巧妙过渡，要有起承转合。

建议在现场导游词创作方面，一是要有实景或者实物；二是要内涵丰富，层次分明，文字优美；三是一定要突出针对性，加大对团行讲解的内容。

朋友们，最后我想用G组4号的一句话做结束语。请问，杏坛何在？中国旅游的杏坛何在？在中国每一个旅游院校中。而谁，又是杏坛的躬耕者呢？是在场的每一个领队和老师，他们用实际行动，诠释着最美的"师者担当"。请同学们一定要把掌声献给你们的领路人，一定要永远感恩这些伯乐。

同学们，比赛已然过去，这仅仅是起点，希望未来大家都能成为职业导游，在导游之路上，书写属于自己的新篇章！

愿你我保持热爱，共同奔赴下一次山海。

才艺运用裁判组点评人：潘俊

才艺运用组
裁判点评

尊敬的各位领导、各位领队、指导老师、各位选手：

大家上午好！

非常荣幸受大赛组委会的委托，由我代表才艺运用组的全体裁判进行总结和点评。经过两天紧张而激烈的比赛，从参赛选手的整体表现来看，绝大多数选手充满自信，富有青春活力，上台落落大方，舞台感觉良好。通过对近几年来赛场情况的比对，选手无论是在艺术水平上，还是在艺术审美等方面都有了新的提升和进步。

一、好的方面

1. 选手的整体水平逐年提升。从比赛成绩分布可以看出，除一名选手因时长原因未取得理想成绩外，其余选手成绩均达到良好（8分以上），比例为历年最高。表面看是竞争激烈，但背后是各参赛学校对才艺运用环节的重视，是我们指导教师水平的进步，是我们参赛选手综合能力的提升。而这背后的背后，是各所院校坚持"五育并举"，突出美育教育结下了坚实的硕果。很多才艺运用内容积极健康，编排新颖，贴近导游实际工作，具有一定的文化内涵；注重突出时代性、民族性、地域性和传统性特色。参赛选手通过各种才艺形式，展现祖国各地的山水人文、风土人情。一些优秀的才艺运用节目，其内容紧跟时代步伐，体现出时代主旋律，紧扣社会现实，聚焦社会热点，书写家国情怀，致敬时代楷模，不仅赏心悦目，同时也让我们从中感受到来自各地、各民族山水的美好、人文的精彩，更有伟大中国的精神和风骨。

2. 才艺展示类型丰富，形式多样，异彩纷呈。例如：声乐、舞蹈、器乐、戏曲、曲艺、朗诵等各种形式。参赛选手们各显神通，倾情倾力，粉墨登场，在此衷心感谢参赛学校的老师辛勤付出，您的精心的创意、编排，通过努力的工作给我们带来了一场视听的盛宴，让评委和观众们眼前一亮，大开眼界。

3. 在才艺运用中，脱颖而出一批具有较高技艺水平，光彩夺目的优秀选手。可以说，在各种形式的才艺表演中都有这样的、可圈可点的选手。如一名选手演奏二胡《战马奔腾》，情境导入介绍了阴山脚下最后一支骑兵队伍，很自然地将大家带入波澜壮阔的时代背景中，演奏表现比较专业，最后又能回到情境中，收尾合理，艺术性和思想性都得到升华和拔高，符合导游才艺运用的范围和时机，这样的节目还有好几个，如魔术节目、《西游记》主题的贯口加面塑、评书莽撞人等都给大家留下了比较深的印象。综观这些具有较高水平的才艺节目，都有一个共同的特点，就是选手能较完美地表达作品的思想内涵、情感和艺术形象，表演富有激情和韵味，具有强烈的表现力和感染力；艺术作品具有观赏性，能够引起大家的内心共鸣，现场舞台效果好。

二、需要提升的方面

1. 重视赛项规则与作品结构

在非常细致的赛项规则要求中，我们还是看到有些选手出现了导游服务对象不清楚、景点讲解和才艺内容关联度不高、才艺运用时机切入比较僵硬，不符合导游工作情境；也有一些选手为了表现独创性，临时去学习一些传统项目的展示，结果却不尽如人意；还有选手将一些地方老百姓传统群体舞蹈变成个人才艺搬上舞台，没有达到才艺演出的艺术效果……

2. 选手的参赛项目应"量体裁衣"。比赛中出现了声线条件不适合的选手朗诵、唱戏、唱歌；缺乏肢体协调性和基本功的舞者；还有与时代背景、自身形体不合拍的服饰和装扮。声乐、舞蹈、朗诵等艺术门类，都要遵循各自的艺术规律，才能达到应有的审美要求，这是需要积累的。为选手选定适合本人条件的才艺表演可以达到事半功倍的效果。这些需要我们用心分析选手的特长和爱好，力求找到一种与本人气质、风格相一致、相吻合的才艺种类。说实话这是个烧脑的过程，但一旦捕捉到灵感，加上设计和创意，一定会事半功倍。

针对上述存在的问题，学校和老师要高度重视对学生艺术修养和审美能力的培养。当然，才艺的培养不是一蹴而就的，它是需要付出长期艰苦的努力和实践经验的积累。我们要注重培养学生的文艺特长，在职业教育中渗透艺术教育，利用不同的场所和形式如讲座、非遗进课堂、学生艺术社团等营造开放性的学习情境，拓展教学空间，增强学生对艺术的接受与体验。

各位领导、指导教师、各位选手，才艺运用让我们直观地感受到导游工作的魅力，获得直接的审美体验，使我们认识到导游服务中的人文艺术与社会生活密不可分的关系。感谢大赛组委会，感谢上海旅专，感谢为大赛付出的所有工作人员、各位领队、指导老师、选手们，感谢你们，感谢你们有创意地表现出的艺术美、自然美、生活美！期待我们下次再相会！谢谢！

英语组点评人：陈安慧

英语口语组
裁判点评

尊敬的各位领导、同人、老师和选手们：

大家早上好。受组长宋刚教授和全体组员所托，今天由我代表英语口语测试组对英语口语测试环节进行一个简要的点评。

总体而言，本次大赛选手们英语口语展示成绩呈正态分布，优秀选手占比10%左右，一般的选手占比8%左右，大部分选手表现良好。选手们准备充分，上场之后自信从容，能与评委互动交流，赛出了水平，展现了风采。

英语口语测试非常考验选手的基本功和灵活应变能力，优秀的选手除语音语调准确，表达流畅外，还能听懂评委的提问并给予合理、完整的回答。良好等级的选手基本上能完成题目规定的任务要求，但在语音语调和灵活应变方面稍有失误。少数处于一般等级的选手则没能完成题目规定的任务。

从任务类型来分析，介绍景点、行程、文化元素之类的题，因选手有充分的准备，大都完成得较好。有的选手在介绍词中穿插了很亮眼的设计，比如介绍杜甫草堂时背诵杜甫的名诗，介绍生态旅游时引用习近平总书记的金句等。但对游客遇到困难需要帮助解决的问题总体而言完成得稍逊，这类题中出现过评委抛出问题，选手避而不答的情况。由此可见，选手备赛英语口语环节还是以背诵为主，对英语口语应用的训练不够。

英语组评委们在每一个小组比赛结束后都会一起讨论，复盘一下选手的表现，总结选手们的优点和失误之处，最后形成了一致的如下几条建议，供各兄弟院校师生们参考。

一是选手需要精通导游业务知识。导游大赛的英语口语测试并不是只评判选手的英语表达能力，更看重选手如何以语言为桥梁帮助外国游客解决问题，解决问题的方式肯定需要符合导游业务规则。比赛过程中有选手出现了明显不合理的解决问题思路，比如游客在机场即将登机，发现护照落在酒店了，选手提出让酒店工作人员去找到护照后寄给游客，或者办一个临时护照登机；有游客因导游迟到错过一个景点的游览，要求导游给一个解决方案,导游提出让游客在中国多待一天。这些题如果用中文来提问,选手应该能给出合理的解决方案,但是改换成英语后出现了不合理的回答,因此建议在导游英语教学和备赛过程中都要提醒学生,即使是用英语沟通,沟通的内容也要符合职业规范。

二是建议选手在比赛过程中尽量掌握对话的主动权。选手尽量多表达、多展示,引导评委来配合,而不是由评委做主角,选手只等着回答 yes 或 no。英语测试组的评委们非常有耐心,发现选手停顿卡壳时,会用问题或话题引导学生继续往下讲,但这样对选手而言风险是比较大的,可能会出现选手听不懂的问题或不会回答的问题,扣分的可能性也就增加了。所以就比赛而言,最好把功课做好,设计好对话的走向,规避风险。比如有一题是游客主动提出要将在中国的行程延长两天,选手就提出改签航班,有早上航班和晚上航班两种选择,让游客来选,这个设计很巧妙,是选手在提问,由评委来做选择题,主动权在选手手上。

三是注意信息拓展。虽然选手们对于介绍景点和文化元素的题能顺利背诵出来,但评委加入一些小问题后,选手有一定比例的答错率。比如介绍京剧和梅兰芳的题,评委问梅兰芳是否还在世,有一个选手回答 yes;问丝绸之路的起点,选手回答不出来。建议针对这类题目的准备不要仅满足于完成一段文字的背诵,还应挖掘其相关信息,做足功课。

四是词汇储备量要大。我们全场听下来,出现得最多的形容词是 famous,important,beautiful,我们希望选手们能有更丰富的词汇来介绍风景和文化,并且介绍不只是停留在这些抽象的词汇上,还要能够描述出具体的细节。

五是英语口语测试点评中老生常谈的问题——英语的语音语调。有些选手的语调带明显的中国腔,有些选手习惯性在单词后拖一个尾音,如 but 读作 buter,建议选手要多听多模仿,改进发音问题。

我们比赛的目的是以赛促教,通过比赛,各校展现了教学成果,也通过对比赛过程的反思总结,大家共同地切磋、改进来促进教学质量的提高。

以上建议与各位同行们共勉，希望我们能培养出更多更优秀的英语导游，使我们的学生具备宽广的知识面和深厚的文化底蕴，有能力向全世界展现中国风景之美和文化传统之魅力。

英语口语测试题库量大，从选手们的发挥来看，备赛肯定投入了大量时间和汗水，在此向所有参赛院校的指导老师和选手们道一声"辛苦了"，祝贺所有的参赛选手，你们能站上这个赛场，就证明了你们的优秀。

我的发言完毕，谢谢大家！

全国职业院校技能大赛高职组导游赛项指导经验心得总结

1. 上海旅游高等专科学校

总结人：刘堂

2023年全国职业院校技能大赛（高职组）导游服务赛项已圆满落幕，本人指导选手王伟荣获一等奖，本人获优秀指导老师称号。现将指导学生备赛心得与大家分享如下。

一、了解比赛规则和评分标准

在准备阶段，深入了解和研究比赛的规则、流程以及评分标准至关重要。这不仅可以帮助指导老师制订更有针对性的训练计划，还可以让学生更清晰地了解评委的期待和比赛的重点。

二、重视基础知识与应赛技能的结合

作为一名优秀的选手,不仅要有扎实的导游基础知识,还需要具备一定的才艺能力和英文水平,以及比赛过程中的应变能力。因此,在培训过程中,应该注重理论知识与应赛技能的结合,使学生能够在实际竞赛中灵活运用所学知识。

三、模拟实战演练

组织学生进行多次模拟比赛,可以是内部的,也可以是与其他学校的友谊赛。通过模拟比赛,学生可以逐渐适应比赛的氛围和压力,同时指导老师也可以根据学生在模拟比赛中的表现,调整培训策略和重点。

四、情绪管理与自信建设

比赛过程中,学生往往会面临压力和紧张情绪。作为指导老师,不仅要教授他们专业知识和技能,还要帮助他们建立自信,学会管理情绪,保持良好的心态。

五、鼓励团队合作和沟通

导游服务赛项虽然是个人赛,但在备训过程中仍然需要与他人密切合作,包括室友、同学、其他选手、指导老师、指导专家等。因此,在培训过程中,应鼓励学生进行团队合作和沟通练习,提升选手的团队协作能力。

六、持续学习和反思

每一次培训或模拟都是学习和成长的机会。指导老师要带头进行反思和总结，鼓励学生提出自己的看法，共同探讨可以改进和提高的地方。

七、注重道德素养和职业伦理的培养

选手不仅是竞赛中的一个成员，也是一个地区形象的代表、文化的传播者。培养学生的职业道德，教会他们如何在复杂的竞赛环境中做出正确的判断和处理，这对他们未来的职业生涯至关重要。

以上经验是个人带赛中的总结，每位指导老师可以根据选手的特点、学校的情况，因人因校，制订完整的计划，在实践中不断完善和借鉴，终会结出硕果。

2. 青岛酒店管理职业技术学院

总结人：杨栋

师生共成长　一起向未来

每年的国赛导游服务赛项都吸引着全国各地优秀学子云集比拼，这是一个展现选手个人风采的平台，是证明自己专业技能实力的最好舞台。台上一分钟，台下十年功，教练在幕后的专业指导，对选手的比赛结果起到举足轻重的影响。

导游服务赛项自 2013 年设置以来，已经开展了九届。从 2013 年起，我多次担任导游服务项目的教练，多次在国赛中获奖，2013 年、2014 年、2018 年、2019 年、2022 年、2023 年，我指导学生六获导游服务一等奖，本

人并六获优秀指导教师称号。一路过来，我对整个导游服务赛项辅导过程也积累了一些个人见解。借此处互相探讨，希望能给高职导游服务大赛贡献一点儿微薄的力量。

1. 教学相长师生共创自选导游词

教学过程中，我注重将思政融入课程，从文旅资源中发掘传统思想，引导学生传承与创新中华传统优秀文化，实现对学生进行价值塑造、知识传授和能力培养的多元统一。失蜡法在中国的历史最早要追溯到春秋战国时期，经汉唐至明清，失蜡法被一代代匠人传承和发扬，历久不衰。我在今年参赛的自选导游词《泰山岱庙铜亭》中，以青铜铸造技艺"失蜡法"为视角，深入挖掘古代科技文明，探寻失蜡法近千年来的应用与变革。

2. "凤头猪肚豹尾"创作现场导游词

元代散曲家乔梦符说："作乐府亦有法，曰凤头、猪肚、豹尾六字是也。大概起要美丽，中要浩荡，结要响亮。"现场导游词的创作及讲解也应该如此。我们要重在开头，妙在结尾，关键在中间。

首先，开头要和团型相融合。如果选手抽到的文化元素是三星堆遗址，团型是记者采风团，我将会指导选手这样创作现场导游词的开头部分：各位记者朋友们，欢迎大家参加以"书写新时代 奋斗中国梦"为主题的央媒走基层采风活动，今天我们安排了三星堆遗址的实地考察，希望大家通过今天的采风，能够向观众展示最新出土文物、研究成果和科技手段，让人们领略辉煌灿烂的古蜀文明，感受中华文明的多元一体和源远流长。

其次，中间部分要讲深讲透。讲解中一定要突出旅游文化元素主题，"以实带虚，以点带面"，避免不着边际的宏观介绍，以免流于空泛。但讲元素"点"的时候一定要见"大"，通过与国内外同类对比、有关诗词的点缀、名家评论的引入等方式，讲出旅游文化元素的特色和价值。如果仅仅局限于元素本身数据的介绍，导游词就会显得平庸。

旅游文化元素中包含着大量的知识，而现场导游词就应该能够给游客提供与被游览客体有关的种种适量的知识信息，并且其知识信息要严谨、准确。有关旅游文化元素知识信息的开掘，我一般会指导选手运用本体阐释、相关征引、衍释发挥三种方法：

（1）**本体阐释**：对被游览客体自身所蕴含的知识进行必要的、得体的解释。

（2）**相关征引**：适当援引与被游览客体相关的史料、典故、诗文以及各种材料，以使导游讲解的内容更加有说服力，更加广博。

（3）**衍释发挥**：对蕴含在人文景观中的神话传说、民间故事、历史故事、风土人情进行巧妙发挥，增加趣味性。

此外，导游语言是一种具有丰富表达力、生动形象的口头语言，这就是说，在导游创作中要注意多用口语词汇和浅显易懂的书面语词汇。要避免难懂的书面语词汇和音节拗口的词汇。多用短句，以便讲起来顺口，听起来轻松。但是强调导游口语化，不意味着忽视语言的规范化。编写导游词必须注意语言的品位。

3. 东西方文化融合练好英语口语

导游英语口语测试这个环节存在题量大、场景杂、变化多的特点。很多学校在备赛过程中会邀请本校英语教师加入该环节辅导，但是收效一般。要想做好该环节的辅导工作，需要指导教师既懂导游业务和导游基础知识，又清楚英语表达。导游英语口语测试题目大体分为两个类别：导游业务类和导游基础知识类。

（1）导游业务类题目的准备

这类题目无非是旅游团行程中游客出现问题、出现突发事故、出现游客投诉之后，作为导游应当怎么办？这就要求我们在指导选手的过程中告诉他们作为导游人员在旅游团行程中需要关注游客的需求和问题，及时解决游客遇到的问题。针对这些问题，导游人员需要掌握相应的解答技巧和方法，特别是在处理游客投诉时，导游人员需要注重沟通和协商，避免争吵和冲突，同时不断提高自身的服务水平和服务质量。

（2）导游基础知识类题目的准备

用英语讲中国文化是一项具有挑战性的任务，但是在选手做好准备的条件下，我们相信选手可以用地道的英语来解释皮影、茶、丝绸、文房四宝等中国特有的风物，并讲好中国的故事。指导教师除了辅导题目本身设计的内容之外，也要增加选手对于国赛文化的理解。比如介绍中国茶，我就会告诉选手以下基础知识：英国人喝红茶比较喜欢调饮，通常是先将少量红茶放入壶里，以沸水冲泡，再把茶汤倒进茶杯；最后再放入适量糖和牛奶，就变成了经典的"牛奶红茶"。与英国人的饮茶习惯不同，美国人饮茶追求简单快捷，并且大多数人喜欢喝冰茶，而非热茶。因此，美国人更喜欢将红茶冲泡好之后，再加入冰块、蜂蜜或者几片柠檬。学生了解了以上的知识，给英语客源国家的游客推荐中国茶就会更加有的放矢。

4. 量体裁衣确保才艺运用巧构思

作为指导教师要依据选手自身才艺潜质，创设合适的带团情境。我今年指导的选手才艺展示是吉他弹唱。如果仅仅是吉他弹唱流行歌曲或者民谣，才艺情境设定就比较难。我的做法是根据保留原歌曲曲调，根据参观景区的特色重新构建新歌词，在欧陆风情的青岛海滨为游客弹唱自创改编歌曲《八大关》，确保了才艺运用的巧构思。

职业院校技能大赛是学生强化专业技能的最好途径，可以为职业生涯打下坚实的基础。因此，广泛地让学生积极参与到技能比拼中，是最好的能力锻造途径，我和我所在的团队也一直在以技能提升为抓手全面提升学生的岗位适应能力和可持续发展能力而持续努力。

3. 山东旅游职业学院

总结人：刘青

2023年山东旅游职业学院选手吕如平在全国职业院校技能大赛导游服务赛项（高职组）60个参赛队中脱颖而出，荣获一等奖。韩兆君老师获"优秀指导教师"称号。现将大赛经验心得总结如下：

一、完善的备赛机制

（一）学院领导高度重视，积极统筹安排

山东旅游职业学院是山东省名校建设工程首批技能型特色名校、山东省优质高职院校建设工程立项单位、全国职业教育先进单位、全国职业技术学校职业指导工作先进学校、全国国防教育特色学校、全国旅游职业教育校企合作示范基地。近些年，先后荣获省级文明单位、科教兴鲁先锋基层党组织、山东省民族团结进步模范集体、融媒传播最具影响力高校等各级各类荣誉30余项。

学院魏凯副院长等领导高度重视技能大赛工作，精心组织，周密部署，多次深入系部、学生指导一线协调帮助解决参赛中遇到的困难，高屋建瓴的提出优化意见和建议。按照学院部署，旅游与休闲管理系在刘正华主任、王新平老师的精心安排下，制订了严密的备赛方案，在全院范围内抽调经验丰富、专业功底扎实的教师组成备赛团队。

（二）优化培训方案，建立统一培训模式和竞赛管理体系

经过前期紧锣密鼓的筹备工作，选拔出3名选手进入本次大赛的备

赛，经过一段时间的考核，选定吕如平为正式选手。备赛期间，指导教师团队全程参与辅导选手，因备赛内容繁多，经常辅导学生到深夜。从创作导游词、讲解导游词、帮助选手理解记忆知识点到每一个英语单词的发音、才艺的确定和辅导、参赛服装的选择、舞台表现、心理压力疏导等都细致指导、落实到位。指导团队按照备赛部署，根据每一培训阶段时间的要求如期完成培训任务，刘正华主任、王新平老师定期进行选手的阶段考核。

（三）辅导教师精益求精、务实高效

指导团队积极投入到选手的指导中，用自己的大赛实际经验帮助选手更好的展现自己。诸如此类事迹还有很多，这次选手取得如此优异的成绩，是全体辅导团队老师们共同努力的结果。

二、科学合理的培养机制

（一）专业建设

（1）专业历程与特色

我院导游专业是省级高水平专业群建设专业、省财政重点支持专业，拥有省级优秀教学团队，牵头制订了本专业省级教学指导方案。专业着力构建立体化实践教学体系和多层次以赛代训精英导游培养模式，在全国各级别比赛中屡获佳绩，连续多年承办了山东省职业院校导游服务大赛。

（2）专业成果

一是提高了人才培养质量，学生获奖和考试通过率提升。导游专业建立了"以赛代训"的精英导游培养模式，经多年实践，成效卓著，极大地提升了学生的专业素养和技能水平。

二是激励教师进行教学研究和方法创新，取得了良好的成效。导游专业打造了王煜琴名师工作室、韩兆君名师工作室，形成了名师团队合作，服务人才培养的长效机制。

三是社会影响和辐射带动作用强。借助导游专业发展优势，本专业大部分教师均多次担任全国导游资格考试的评委，同时，多名教师曾被全国及各省、市的导游大赛聘为评委。近几年，该专业的实习生和毕业生表现优秀，受到用人单位的一致好评。

（二）课程建设

导游专业形成"岗-课-赛-证"四位一体化培养模式。将课堂教学，岗位实践，资格认证和技能竞赛融为一体，实现"课中有岗，课中有赛，岗中有课，岗中有赛".实施"岗课赛证"四位一体培养模式。课堂教学、岗位实践、考取导游证书、参加比赛一脉相承。导游专业主动把导游技能大赛评价标准纳入到专业人才培养体系中，改革现有教学评价标准中不适应导游职业能力的内容。把技能竞赛所设计的知识、技能、素质与企业真实项目一起融入到人才培养的全过程。

课程体系开发思路：在学院"三大模块"课程体系（素质课程体系、专业课程体系、实践课程体系）的基础上，在保证导游专业基本能力培养和考取职业资格证书的前提下，结合企业岗位需求，构建了以导游专业基本能力培养为平台，多方向特色化导游培养的专业课程体系。

（三）特色培养

1.打造了"以赛促教、赛教融合"的教学质量提升动力机制。通过举办每年一度的校园导游大赛（目前已经举办18届）和参与各级别导游赛事（国赛、省赛、旅游院校大赛、市赛、院赛），使导游赛事融入了教学，全面提高了学生学习和教师教学的积极性，形成了教与学的良性循环。

2.成立导游素质提升班

(1) 由旅游与休闲管理系和艺术系专业教师给导游素质提升班的学生授课，课程内容包括导游词创作、中国旅游文化、旅游英语口语、导游实务、旅游法规、模拟导游、才艺表演7个方面提升学生的综合职业素养。

(2) 充分利用校园资源、周边景区，组织导游素质提升班的学生开展"实训课"，导游素质提升班的学生自发成立了"三涧溪导游志愿讲解队"，立志要用自己的专业技能讲好红色故事，助力乡村旅游振兴!

3. 架构了"两点"+"一线"的立体化实践教学模式。其中的"一点"是校内实训基地建设：本专业在校内建设了高标准模拟导游室和AAA景区——校园微缩景观区、导游对战平台等实训基地和教室；另"一点"是校外实训基地建设：本专业与省内外50多家旅游企业建立了校企合作关系，为学生提供了稳定的顶岗实习基地；"一线"是山东省全线踩点：学院每年安排学生到全省的主要景区进行实际的考察、跟团及导游讲解体验。疫情期间，还采取了"云踩线"聘请全国优秀导游员担任主播，将导游实训环节搬上云课堂。

4. 成立快书社等社团，让学生更加多才多艺

山东快书与旅游人才培养结合是现代学徒制下的有益尝试，经过坚持不懈的创新和努力，"用山东快书说山东"已经成为我院的一张新名片，也必将成为山东旅游的新风尚。

通过大赛较好的贯彻落实了学院以技能竞赛为契机，实现提升教师教学能力、激发学生学习兴趣，提升学生职业能力的竞赛宗旨，充分发挥技能大赛对与人才培养的引领作用，有力地推进了专业建设和教学改革。

4. 四川工程职业技术学院

总结人：何琼盆

一、学校领导班子高度重视，积极统筹协调

四川工程职业技术学院是中国特色高水平高职学校建设单位、全国首批（28 所）国家示范性高职院校、国家技能人才培育突出贡献奖获得院校，学校以行业顶尖专家、大国工匠为引领，以工程实验室、大师工作室为平台，培养了一大批技术能手、技能大师，毕业生深受社会和用人单位欢迎。2023 年 11 月，教育部拟同意以四川工程职业技术学院为基础设立四川工程职业技术大学。

对于全国职业院校技能大赛的参赛工作，全校上下高度重视。学校党委书记李登万和校长肖峰亲自主持集训和备赛工作推进会，按照惯例一般每个月一次例会，主要了解备赛团队的困难和备赛进展情况，备赛团队所在系的系主任和指导教师参会。对于备赛团队的困难，学校领导本着"能解决尽量解决"的原则，并协助备赛团队协调其他各职能部门，全校通盘考虑，全力以赴为备赛师生做好全方位保障。学校将备赛指导教师设置成专门的"能工巧匠"教练，并按照行政坐班人员给予相应的待遇，将备赛学生纳入"能工巧匠"培养计划，备赛学生的考勤管理和成绩认定（学分置换）全部按照"能工巧匠"班的管理方法进行，同时将学校 1 舍清空后设置成为"能工巧匠"训练室；参赛学生因为紧张的备赛落下的思想政治课程和体育课，学校会安排专门的思政老师和体育老师定期集中为全校备赛学生授课，从而保证学生的思想教育和身体素质不会因为备赛而下降；另外，学校专门为备赛师生团队提供饭卡，该饭卡可在教工食堂就餐，由教务处技能竞赛部门工作人员定期充值，尽可能保证师生的营养。学校领导

层面最大限度地为参赛团队创造最优的训练条件，为选手们争创佳绩提供了有力的支撑。

二、系部领导的给力，尽可能提供资金、人力等支持

2021年，四川工程职业技术学院旅游管理专业群入选四川省高水平专业群（A档）建设单位，2022年，旅游管理专业获四川省教育厅认定为第三批高校省级课程思政示范专业。旅游管理系领导高度重视导游服务技能大赛。从2009年起，每年的10月会举行"旅游文化周"活动，其中包括导游风采大赛，从中选拔导游服务赛项的种子选手；系上会有专门的技能竞赛专项资金用以支持各层次各级别的技能大赛，本着锻炼指导教师和学生的原则，尽可能多地去参加各种比赛，其中导游赛项包括成渝双城经济圈红色讲解员大赛、成都旅游导游协会导游大赛、中国旅游协会导游大赛、四川省高职院校导游服务赛项等；备赛期间，系部领导班子及相关教师会定期考察备赛选手，并提出相应的意见或建议，以便指导教师团队调整备赛方案；备赛期间，凡是涉及指导教师团队带学生外出考察事宜，旅游管理系张伟主任都会第一时间帮忙预约学校公务车，并且尽可能一同前往目的地。系上的各种支持，消除了备赛团队一切后顾之忧，让我们能够全身心地投入备赛。

三、科学的选拔机制，是比赛成功的前提条件

正所谓"巧妇难为无米之炊"，选拔一个优秀的选手是比赛取得优异成绩的前提。我们在选拔选手的时候需要考虑以下因素：首先要有一个非常端正的学习态度，学习上要积极主动，吃苦耐劳；其次要顶得住压力，耐得住寂寞，经得住诱惑；再次，学习能力和接受能力强的学生可塑性更强，毕竟导游比赛需要记忆大量的东西，并且要灵活变通，要有一定的知识迁

移能力；最后，普通话比较标准、英语发音尚可。

四、辅导教师的聚力，形成了科学的训练体系

国赛的辅导教师团队中包含三位中文辅导教师和一位英语辅导教师。其中中文辅导教师中有两名高级导游，均为四川省导游资格证考试面试评委，还有一位文采非常好的旅游专业教师，这三位教师都承担了全国导游资格证考试课程的授课任务，对导游资格证考试的四门课程都非常熟悉；英语辅导教师是旅游英语专业的教研室主任，对导游业务非常熟悉。

多年的备赛经验，辅导教师团队形成了一套科学的选拔和备赛方案——基于"岗课赛证"的"一主四辅、六阶递进、多策贯通"训练体系。

一主四辅：以"参赛选手+备选学生"形成的导游讲解技能班为主，以公选课的形式将大赛赛项内容系统地引入常规教学中。围绕导游讲解技能班主体，保证训练体系运行的四组人员，包括专家组、领导组、教练组及教辅组。专家组包括行业专家、金牌导游等；领导组包括学校领导及院系领导，主要帮助协调校外专家联络、兄弟院校交流、协调校内各部门资源等；教练组包括专业技能指导老师、艺术形象指导老师、心理辅导及体能训练老师等，负责参赛学生的选拔与团队的组建、训练计划目标的制定、训练过程的实施、赛项各内容的具体指导等；教辅组主要为后勤保障及赛务工作协调部门，解决学生生活上的吃住问题及学习上的学分转换、课程认定、实训场所等问题以及指导老师的课程协调、工作量认定及奖励等。

六阶递进：整个训练体系不仅仅是短暂集中的训练，而是要贯穿高职院校学生三年的培养方案中，形成"初选—初训—复训—强化—临赛—延展"六个训练阶段，让大赛培训从集训到常规，通过长期的学习和练习，提升学生职业素质和职业技能，真正做到以赛促学。

具体而言，初选阶段为新生第一学期末，通过任课老师推荐、各种素

质大赛挖掘、导游风采比赛、技能大赛校内预赛海选等确立导游讲解技能班公选课名单；初训阶段为第二学期，利用公选课对赛项内容进行讲授及训练，通过课程考核选拔优秀学生成为参赛候选人进入下一阶段；复训阶段为第一学年暑假期间，对初步确定的参赛候选人进行集中培训，采用淘汰制发现爱学习、有毅力、有潜力的学生，确定为最终的参赛选手；强化阶段为第三学期，重点对参赛选手进行针对性训练，包括强化专项训练、鼓励参加各级别比赛及通过多次模拟对抗选拔出参赛选手；临赛阶段为第三学期寒假至第四学期比赛前，重点针对参赛选手进行精细化打磨、查漏补缺、巩固冲刺及模拟现场演练，同时还可让参赛选手参与新一轮导游技能班公选课的教学授课，以教促学，以教促能；延展阶段为第五学期，继续发挥成熟选手的模范带头作用，分析优劣，总结经验，担任助教，以老带新，并将职业技能运用到第六学期其自身的顶岗实习之中。

多策贯通：在训练体系的六个阶段，遵循系统性、科学性、可操作性、灵活性和个性化等原则，针对不同的学生在不同时期需要采用不同的训练策略和方法，主要包括讲授、直观演示、案例分析、视频解析、模拟对抗、仿真演练、现场实践、反思总结等，让备赛不再枯燥乏味，缓解选手的心理压力。

五、参赛选手的毅力，是比赛取得好成绩的关键

今年获得国赛一等奖的李锄熔同学在2022年获得过国赛二等奖，2023年她敢于再次启动将近一年的备赛，这对于她来说实属不易，再一次挑战自己也说明了她的毅力和坚持是非常难能可贵的。其他同学的周末和假期在休息的时候，她在紧张地备赛；其他同学在考教师资格证、准备专升本考试的时候，她在紧张地备赛；其他同学在享受着丰富多彩的大学生活时，她在紧张地备赛。其实最开始她是想退缩的，不想再次挑战自己，觉得自己也没有这个能力拿到最高荣誉，但当老师们跟她聊了之后，她决定再次

挑战自己，即使结果不能如愿以偿，至少也努力过。

备赛过程中，我们拿出她去年国赛的讲解和才艺视频，反复研究，和她一起分析，找出去年丢分的原因，然后有针对性地去修正、完善。李锄熔的才艺是用陶笛吹奏《成都》这首曲子，但其实她一点儿音乐底子都没有，也没有任何小乐器的学习经历，指导教师中也没有一个人懂音乐，但李锄熔同学对着网上的教学课程，一遍又一遍地吹，一遍又一遍地抠细节，刚开始的时候好几个手指尖因为长时间的练习，都磨出血泡了，但她没有放弃，终于在比赛现场完美地将才艺呈现在了我们眼前。她的努力和毅力让我们指导教师团队都为之动容，这是她能突破自己的关键因素。

除上述以外，整个备赛阶段，我们会经常带着李锄熔同学到班上、公园、河边等场合面对不同的陌生对象讲解、吹陶笛、进行英语对话，对选手进行抗压力训练和抗干扰训练；同时每天吃完晚餐后的一个小时，我都会带着她跳绳半小时，通过运动释放她的备赛压力，进而提升她的备赛效率。

总之，比赛成绩的取得不是偶然的，也不是一个人的力量促成的，这一段经历是饱含酸甜苦辣的，也是人生中不可多得的宝贵财富。

导游服务赛项规程　　　导游服务赛项题库　　　湖南省中青旅企业介绍